D0940471

Savoir dire NON aux enfants

Données de catalogage avant publication (Canada)

Langis, Robert, 1960-

    Savoir dire non aux enfants

    ISBN 2-7640-0060-X

    1. Éducation des enfants. 2. Enfants - Psychologie. 3. Manipulation (Psychologie). I. Titre.

HQ769.L245 1996   649'.1   C96-940214-7

LES ÉDITIONS QUEBECOR
7, chemin Bates
Outremont (Québec)
H2V 1A6
Téléphone: (514) 270-1746

Copyright © 1996, Les Éditions Quebecor
Dépôt légal, 2e trimestre 1996

Bibliothèque nationale du Québec
Bibliothèque nationale du Canada
ISBN: 2-7640-0060-X

Éditeur: Jacques Simard
Coordonnatrice à la production: Dianne Rioux
Conception de la page couverture: Bernard Langlois
Photo de la page couverture: Joel Bénard/Masterfile
Révision: Francine St-Jean
Correction d'épreuves: Camille Gagnon
Infographie: Composition Monika, Québec
Impression: Imprimerie L'Éclaireur

ROBERT LANGIS

Savoir dire NON aux enfants

Les Éditions
Quebecor

Introduction

Il n'est pas toujours facile d'être parent ou de travailler auprès des enfants. C'est tout un art, l'éducation!

Ce livre a été écrit dans le but de nous faciliter cette tâche et d'augmenter le plaisir de vivre auprès de nos enfants. Bon nombre de parents, qui ont appliqué diverses solutions proposées dans cet ouvrage, ont trouvé une réponse à plusieurs problèmes d'éducation vécus dans leur famille. Surtout ceux et celles qui désiraient privilégier une bonne relation avec leurs enfants, mais qui ne savaient plus que faire étant donné que ceux-ci résistaient fortement à leur autorité.

J'ai écrit *Savoir dire non aux enfants* pour venir en aide aux parents d'aujourd'hui. Depuis plusieurs années, je réponds à leurs questions ainsi qu'à celles des professionnels de l'éducation, en leur proposant des solutions pratiques. La majorité d'entre eux ont des enfants avec lesquels les méthodes d'éducation habituelles ne fonctionnent pas. Ainsi, des milliers de personnes qui voyaient la relation avec leurs enfants se détériorer, ont eu le plaisir de trouver, enfin, ce qu'ils recherchaient. Bien sûr, ces solutions sont simples, mais il faut les connaître. Je suis très heureux de pouvoir vous les communiquer et, très sincèrement, j'espère qu'elles contribueront au bonheur de votre famille.

Savoir dire non aux enfants: un titre révélateur!

Cet ouvrage est révélateur pour un grand nombre de personnes qui éprouvent certaines difficultés à se faire obéir et à discipliner leurs enfants. Nous y découvrirons un savoir-faire très utile, assez simple et d'une riche valeur. Ce savoir-faire contribuera grandement à combler un besoin essentiel pour les parents d'aujourd'hui: celui de faire une juste part entre l'éducation autoritaire d'autrefois et le désir de vivre pleinement avec leurs enfants, aujourd'hui, tout en les éduquant bien. *Savoir dire non aux enfants* fait l'éloge non pas d'une autorité dominante et écrasante comme celle qui prévalait il n'y a pas si longtemps, mais plutôt d'une autorité saine et efficace où le bonheur de la famille, la collaboration et le respect peuvent coexister.

Le titre est également révélateur en ce sens qu'il est l'écho d'une constatation de plus en plus évidente chez les spécialistes de l'éducation: celui des problèmes engendrés par une éducation trop permissive où une certaine autorité – nécessaire et saine – se manifeste trop rarement ou trop inadéquatement.

Nous avons remarqué que le fait d'éprouver des difficultés à dire non ou de ne pas savoir comment dire non suscite bien des problèmes chez les enfants, ce qui ne manque pas d'avoir des répercussions directes sur toute la famille.

En effet, nous pouvons observer que ces enfants développent les problèmes suivants:

- une faible connaissance des valeurs;

- une moindre appréciation de ce que nous faisons pour eux;

- un manque de respect;

- une tendance à être trop manipulateur;

- une propension à être plus capricieux;

- une expression accrue de violence verbale ou physique lorsque nous ne satisfaisons pas leurs caprices;

- un penchant plus prononcé à l'égoïsme et à l'indifférence;

- une plus grande désobéissance et indiscipline;

- une prolifération des menaces;

- un besoin qu'on leur répète sans cesse.

Savoir dire non aux enfants vous permettra d'ajuster votre autorité, afin d'atténuer ou de régler totalement ce genre de difficultés.

Lorsque nous sentons que l'enfant ainsi que le bien-être de la famille nous échappent, rien ne sert d'accuser quiconque. Pour améliorer réellement la situation, les seules avenues possibles sont de modifier notre savoir-faire. C'est tout un art d'être parent!

Mais avant d'adopter un quelconque changement en matière d'éducation, nous sommes en droit de nous poser certaines questions fondamentales.

• Est-ce vraiment possible de concilier autorité et bonheur?

• L'autorité est-elle essentielle à une bonne éducation?

• Pourquoi est-il important de savoir dire non?

• Quels sont les avantages à savoir dire non?

La première partie du livre, consacrée à «la puissance positive du non», répond à ces questions.

Par la suite, nous verrons «comment dire non» et «quand dire non». Tout le savoir-faire se joue à ces deux niveaux.

Savoir dire non ne signifie pas simplement être capable de dire non aux enfants, sans bonnes raisons et sans aucune façon. Nous démontrerons que les bons résultats sont déterminés par le type d'explications que nous fournissons à nos petits et, aussi, par le genre d'interventions que nous faisons. Ces deux éléments, soit les explications et les interventions, dénotent un savoir-faire encore peu connu mais très efficace, et souvent simple à appliquer.

En éducation, il est vrai que tout dépend de notre façon de faire.

Bien des parents disent: «Mon enfant se comporte comme un ange avec l'un des parents et comme une peste avec l'autre.»

Ou encore: «Lorsque je lui parle d'une certaine façon, cela fonctionne bien et il écoute, tandis que si je lui parle d'une autre façon, cela ne donne aucun résultat.»

Ces remarques sont tout à fait pertinentes. En tant que parent, nous avons beau avoir les meilleures intentions du monde, agir du mieux que nous le pouvons, si nous ignorons certaines approches avec les jeunes d'aujourd'hui, nous encourons des difficultés.

Savoir dire non aux enfants propose justement de prendre connaissance de ce savoir-faire pour exercer une autorité saine et pour donner une excellente éducation à ses enfants.

Que nous soyons une mère, un père ou un intervenant dans le domaine de l'éducation, nous avons tous intérêt à lire ce qui suit pour nous familiariser avec ce savoir inestimable.

Pour bien éduquer nos enfants et leur inculquer des valeurs fondamentales, nous verrons qu'il est essentiel de savoir leur dire non. Plus les enfants sont intelligents, rapides d'esprit et capables en bas âge de faire face aux adultes, plus ils manipuleront facilement leur entourage. C'est pourquoi les enfants d'aujourd'hui peuvent nous donner beaucoup de fil à retordre... à moins que nous sachions comment nous y prendre!

PREMIÈRE PARTIE

La puissance positive du non

Les apparences peuvent facilement tromper
au premier coup d'œil. Mais le temps révèle
aux regards sages ce qui se cache derrière
ces apparences. De même, dire non peut
sembler injuste. Mais en peu de temps,
grâce à ce non, l'enfant découvrira
les grandes et les justes valeurs.

CHAPITRE 1

Retrouver le respect

Les parents autoritaires d'autrefois

Reculons les aiguilles de nos horloges et retournons deux générations en arrière, au temps de nos grands-parents.

Pour la plupart des enfants de cette époque, il ne fallait
surtout pas remettre en question l'autorité, à la maison comme
à l'école. Critiquer le comportement des adultes, résister à un
ordre ou même défier du regard un tant soit peu était presque
un sacrilège. Jamais on ne devait ajouter un mot, que les parents
aient tort ou raison. C'était comme ça, un point c'est tout – et
sans aucune explication logique. Tradition obligeait!

Les relations entre parents et enfants s'établissaient, plus
souvent qu'autrement, sous le joug de la domination paternelle.
Avec un peu de recul, il est relativement aisé de réaliser qu'il
s'agissait de relations dominants/dominés. Nous ne parlions
pas d'une tyrannie ou d'une dictature, mais plutôt de rapports
inégaux entre les membres de la famille à cause de la tradition.
Rarement, les parents et les enfants se parlaient d'égal à égal.
Rarement, l'opinion des enfants était considérée.

Maintenant, réajustons nos horloges pour nous retrouver
aujourd'hui.

Selon notre âge et la mentalité de nos parents, nous sommes le produit plus ou moins direct de cette éducation passée.

Les temps ont beaucoup changé et la manière d'éduquer nos enfants aussi. Probablement parce que les générations qui ont subi cette éducation voulaient vivre des rapports différents avec leurs enfants. Ceux et celles qui ont enclenché ce changement désiraient être beaucoup moins autoritaires avec leurs rejetons, sans doute dans l'espoir de pouvoir:

• se rapprocher de leurs enfants;

• bénéficier de meilleurs échanges affectifs;

• vivre auprès d'enfants qui ne craignent pas constamment de recevoir les foudres des parents;

• avoir des enfants qui se sentent plus à l'aise avec leurs parents;

• développer au maximum le potentiel de leurs enfants;

• mieux répondre à leurs besoins au bénéfice d'une plus grande émancipation de leur intelligence;

• vivre une relation plaisante et nourrissante.

En somme, il peut y avoir toutes sortes de raisons valables de vouloir changer le type d'éducation d'une époque révolue. Évidemment, ces raisons sont encore toutes aussi bonnes aujourd'hui. Elles sont le fruit d'une prise de conscience d'une société en pleine évolution: le bonheur de nos enfants est très précieux.

Il est tout à fait louable de vouloir améliorer notre mode de vie lorsqu'il ne nous satisfait guère. Vive les changements! Cela va de soi et c'est très naturel.

Bien que les changements qui se sont opérés depuis deux générations soient immenses, aujourd'hui, tout n'est pas parfait. Loin de là! Nous avons de l'expérience à prendre et nous devons parfaire davantage notre manière d'éduquer. Nous sommes encore loin du paradis familial.

Des changements de mentalité, il y en a eu plusieurs. Même qu'une nouvelle philosophie a vu le jour et s'est répandue sur une grande échelle. Elle disait de laisser libre cours à toutes les expressions de l'enfant. Cette philosophie, qui découle de la théorie du docteur Spock, entre autres, a influencé grandement la mentalité des parents. Fort heureusement, ce même docteur est revenu sur sa théorie pour expliquer qu'elle avait de nombreux effets négatifs sur les enfants et la famille.

La théorie du docteur Spock reflétait parfaitement le désir d'une génération de parents de vouloir adoucir les relations trop rigides et trop dures avec les enfants.

En fait, nous nous sommes précipités d'un extrême à l'autre, sans nous rendre compte que nous avions négligé plusieurs besoins fondamentaux des enfants. À partir de ce moment, d'autres sortes de problèmes familiaux et éducationnels sont apparues, une conséquence directe d'un manque d'expérience.

La majorité des parents d'aujourd'hui, qui ont à cœur de donner le meilleur pour leurs enfants, ont laissé tomber le style militaire de l'époque. Ceci est très bien. Les militaires sont efficaces, mais souvent au prix de leur bonheur. Ce style d'éducation ne convient pas à la famille. Ses buts sont différents de ceux de l'armée.

À partir de ce fait, posons-nous les deux questions suivantes.

Par quoi l'autorité ancienne a-t-elle été remplacée? Les enfants ont-ils besoin d'être fermement encadrés? Voilà deux questions importantes pour les parents de notre époque.

Mon travail, en tant qu'intervenant auprès des différents spécialistes qui évoluent dans le domaine de l'éducation, ainsi que mon contact avec des milliers de parents et mes propres observations m'ont sincèrement convaincu des réponses à apporter à ces questions.

Le bonheur et le développement de l'enfant dépendent en grande partie de l'éducation qu'il reçoit. Cette éducation comprend l'instruction et l'encadrement.

D'une part, l'instruction doit être de qualité. Nous y accorderons une grande place dans cet ouvrage, en démontrant le type d'explications qu'il est préférable de donner à l'enfant. Ces explications sont d'ailleurs très différentes de celles qui ont été fournies aux enfants par le passé et qui le sont encore aujourd'hui.

D'autre part, l'encadrement est essentiel et il implique obligatoirement une forme d'autorité. Sinon, l'enfant est laissé à lui-même. Nous assistons alors à une forme d'anarchie (désordre et confusion causés par l'absence de règles familiales) où l'enfant peut faire comme bon lui semble, au détriment de tous, y compris de lui-même. Nous examinerons de près cette nécessité de maintenir une autorité. Du même coup, nous mettrons en relief les dangers de son absence.

À propos de l'autorité, il est bon de noter que ce mot fait ressurgir des sentiments plus ou moins négatifs chez les individus parce que, en général, l'autorité était et est encore aujourd'hui souvent mal appliquée. Il n'est pas surprenant que l'autorité devienne synonyme de contrôle et d'abus de pouvoir.

Cependant, il est bon de comprendre qu'il est possible d'exercer un contrôle sain, en tenant compte des vrais besoins de tous, sans pour autant tomber dans l'abus et la domination.

Depuis plusieurs années, les enfants ont de plus en plus tendance à faire tout ce qu'ils veulent, et les adultes sont enclins à les laisser faire. Du moins, jusqu'à ce que les problèmes surgissent.

Selon plusieurs de mes collègues, l'autorité – ancienne et trop sévère – n'a pas été remplacée par une meilleure autorité. Elle a plutôt laissé place à un laisser-aller.

Maintenant, il faut apporter certains changements importants à notre pédagogie pour la parfaire. Nous devons désirer tout autant de meilleures relations avec nos enfants, mais pas au détriment de leur éducation. Nous devons donc faire en sorte de mieux subvenir à leurs besoins d'encadrement.

Les enfants d'aujourd'hui ne craignent plus les parents

Nous entendons souvent dire: «Les enfants d'aujourd'hui ne "respectent" plus rien.»

Cependant, après maintes discussions et réflexions, il nous apparaît plus juste de dire: «De plus en plus de jeunes "craignent" de moins en moins l'autorité.»

Je ne suis pas le premier à vouloir nuancer le mot «crainte» de celui de «respect». Mais, encore aujourd'hui, ils ne font qu'un dans l'esprit des gens.

Pourtant, il y a une grande différence entre le véritable respect et celui qui implique des notions de crainte. Déjà, plusieurs saisissent la nuance simplement à partir de ces quelques mots. Toutefois, préciser la valeur du vrai respect épuré de sa notion de crainte m'apparaît comme un élément primordial en pédagogie moderne – surtout si nous parlons d'autorité saine.

Voulons-nous être craints ou respectés? Voilà une question claire, qui mérite une réponse de chacun.

La crainte sous-entend des notions de peur et même d'abus de pouvoir. Le respect englobe toutes les autres notions. Mais avant de parler du vrai respect, sans la notion de crainte qui y est souvent accolée, voyons pourquoi les jeunes d'aujourd'hui ne craignent plus autant l'autorité et pourquoi ils ont la capacité d'y résister fortement. Il existe quatre facteurs[*].

1.   Les enfants sont de plus en plus intelligents et ont l'esprit alerte. Ce qui leur permet de comprendre plus rapidement:

   • les faiblesses des adultes;

   • les failles et les incohérences du milieu dans lequel ils se retrouvent;

   • le jeu de la manipulation pour obtenir ce qu'ils désirent.

---

[*]   Pour obtenir de plus amples renseignements à ce sujet, vous pouvez vous reporter à l'excellente série de volumes qui traitent de l'enfant téflon, écrite par Daniel Kemp et publiée aux Éditions Quebecor.

2. Les enfants sont de plus en plus précoces pour ce qui est de leur développement psychologique. Ils peuvent, dès leurs très bas âge, exprimer leurs aptitudes et faire montre de leur intelligence. Ainsi, tout petits, ils sont aptes à exploiter les points mentionnés précédemment, ce qui prend souvent par surprise les parents et les éducateurs.

3. Les enfants sont de plus en plus puissants sur le plan psychologique. Ils sont prêts, à tort ou à raison, à faire face à tout ce qui ne fait pas leur affaire, entre autres, à l'autorité.

4. Les enfants sont de moins en moins manipulables par les émotions. Même s'ils en ont, ils n'acceptent pas pour autant de changer facilement leur comportement et de faire ce que nous leur demandons, surtout lorsque nous évoquons des raisons d'ordre émotif. C'est pourquoi ils résistent beaucoup à une éducation qui culpabilise, qui moralise et qui donne trop de raisons émotives, quelles qu'elles soient.

Voici quelques exemples de manipulations émotives fréquemment communiquées aux enfants: «C'est pas beau», «C'est pas bien», «Pour qui tu te prends?», «Si tu nous aimais, tu ferais le ménage de ta chambre», «C'est toujours de ta faute», «Tu fais de la peine à maman», «Tu n'as pas honte?», etc.

Bien sûr, ce portrait ne convient pas à tous les enfants et nous le retrouvons à différents niveaux, selon le cas. Mais il reflète très bien la tendance actuelle. Il nous permet de mieux comprendre l'attitude des jeunes à l'égard de l'autorité.

Dans toutes les activités que j'ai eu le plaisir d'animer, et où je décrivais ainsi les jeunes d'aujourd'hui, les gens reconnaissaient cette réalité.

Ce type de caractère, dit téflon, n'empêche pas pour autant l'enfant de pouvoir bénéficier d'une bonne éducation et de vivre de bonnes relations avec les adultes. Cela dépend entièrement de la façon que l'on prend pour les éduquer. Mais, indépendamment du type d'éducation donné, il est clair que ce caractère, de plus en plus déterminant chez les enfants, fait en sorte qu'ils ne craignent plus l'autorité.

Ceci ne signifie pas qu'il ne doit plus y avoir d'autorité. Absolument pas! Il s'agit, pour l'instant, de simplement constater que le type de respect qui faisait émerger la crainte chez les enfants d'autrefois, a de moins en moins d'emprise sur les jeunes d'aujourd'hui. Car la peur, qui faisait taire leurs opinions et leurs mécontentements, ne fonctionne plus autant.

Voilà déjà une bonne raison de vouloir cesser d'être craint et d'essayer plutôt d'être vraiment respecté et aimé.

Voilà aussi pourquoi nous devrions cesser de croire que les jeunes d'aujourd'hui ne respectent plus rien. En fait, plusieurs d'entre eux ne craignent plus rien. Cela ne signifie pas qu'ils ne peuvent plus rien respecter.

L'enfant, roi et maître

Au temps des grandes familles, où frères et sœurs se retrouvaient en grand nombre sous un même toit, pour ne pas dire dans la même chambre, les relations familiales étaient différentes. Les parents ne pouvaient guère porter leur attention uniquement sur un seul enfant. Ils donnaient ce qu'ils pouvaient, et la marmaille prenait ce qu'elle pouvait. Quitte à le partager ou à se chamailler, selon les mœurs de la maison.

Aujourd'hui, avec nos familles restreintes, l'enfant reçoit beaucoup d'attention. Il vit dans son petit royaume. Il découvre rapidement qu'à la maison, ses parents lui sont entièrement consacrés. Il voit qu'on lui accorde beaucoup d'importance. Cela lui confère une force, voire un pouvoir. Haut comme trois pommes, il le comprend déjà.

De plus, lorsque les parents travaillent à l'extérieur, ils cherchent à gâter l'enfant pour compenser leur absence. Ils auraient l'impression d'être de mauvais parents s'ils ne succombaient pas à leurs diverses demandes. D'autres, sans même avoir besoin d'être absents, ont un penchant naturel pour répondre aux caprices de leurs enfants.

Si l'enfant est habitué à recevoir beaucoup d'attention et si le parent ne sait pas dire non face à certaines demandes ou à certains comportements de l'enfant, celui-ci découvrira rapidement qu'il est le roi et le maître à sa façon.

Dans ces conditions, et avec le caractère des enfants d'aujourd'hui, tout est en place pour qu'ils puissent manipuler à leur guise.

Je travaille depuis maintenant quelques années au Centre pour enfants téflons du Québec. Je viens en aide aux parents qui ne savent plus quoi faire avec leur enfant.

Deux mères m'ont raconté une histoire identique vécue dans leur foyer respectif. Leur enfant attira leur attention à l'extérieur de la maison. Une fois qu'elle fut sur le balcon, l'enfant rentra rapidement à l'intérieur et verrouilla la porte. La mère, sous l'effet de la surprise et dépassée par les événements, constata avec grand regret que l'enfant en profitait pour lancer contre les murs toute la nourriture qu'il trouvait dans la cuisine. Un de ces enfants avait trois ans et demi, l'autre, quatre ans et demi.

Après qu'elles m'eurent relaté cette histoire, j'ai eu une brève discussion avec elles et leur ai expliqué qu'elles auraient intérêt à être un peu plus fermes avec leur enfant. Elles m'ont toutes deux dit qu'elles avaient peur d'être trop fermes: «Il est trop jeune pour comprendre. J'ai peur de lui parler sur un ton dur.»

Pourtant, si ces enfants sont capables à leur jeune âge de faire une telle chose, ils sont tout autant en mesure de comprendre rapidement ce que leurs parents font et disent. Ils peuvent faire face à la musique. Et si personne n'intervient de façon plus dynamique dès maintenant, ils risquent de devenir des «petits monstres», selon l'expression populaire.

Nous pourrions raconter de nombreuses histoires, particulières ou banales, qui démontreraient à quel point les parents d'aujourd'hui sont passés à un autre extrême.

Un peu trop mous? Un peu trop bons? Peur des réactions de l'enfant? Peur d'être trop fermes? Peur d'être jugés par les autres? Vouloir conquérir l'affection de l'enfant? Peu importe les raisons, l'enfant découvre rapidement qu'il peut manoeuvrer à sa guise. Dans ce contexte, comment pouvons-nous instaurer une notion de respect et vivre en harmonie?

Le vrai respect doit reprendre sa place

Est-il possible de respecter ses parents, son patron, les policiers, les juges ou n'importe quelle autre personne, costaude ou non, exerçant une autorité, sans les craindre aucunement?

Oui, mais il arrive que ce soit la crainte qui tient les gens en respect. Une expression populaire le démontre parfaitement: tenir son adversaire en respect.

Voyons de plus près.

Rappelons-nous certains événements qui se sont déjà déroulés dans plusieurs grandes villes, où, pour diverses raisons, des manifestants prenaient d'assaut un quartier et pillaient tout sur leur passage. Cela est arrivé récemment dans les villes de Los Angeles et de Montréal, pour ne citer que celles-ci. Chaque fois, des individus en profitaient pour voler ou pour saccager. Lors de ces manifestations, les gens n'agissent pas toujours pour une cause. Plusieurs profitent tout simplement du fait qu'il y a une grande foule difficile à contenir par les policiers. Puisque le risque de se faire arrêter par les forces de l'ordre est faible, ces personnes commettent des délits.

Pourtant, lors de ces mêmes manifestations, d'autres personnes ne volent pas et ne saccagent pas, même si elles ont la possibilité d'enfreindre la loi. Contrairement aux autres, elles continuent de respecter l'ordre, les propriétés et les gens de la place. Pour ces personnes, il ne s'agit pas de craindre les lois, c'est plutôt une question de respect.

Voici un autre exemple. Si les policiers ne donnaient aucune contravention, certaines personnes en profiteraient, au risque et péril de leur vie et de celle des autres. Par contre, d'autres conducteurs continueraient de rouler prudemment, même si le fait de rouler rapidement ne les effrayeraient pas. Nous pourrions également dire de ces personnes qu'elles respectent certains principes au lieu de craindre les contraventions.

Donc, il est possible de respecter les directives données sans pour autant craindre les réactions des autres, par exemple les colères, les réprimandes ou les punitions.

Il en est ainsi pour les enfants. Bon nombre d'entre eux sont respectueux envers les gens et leur entourage, sans avoir besoin de craindre.

Par contre, il est évident que certains jeunes semblent ou ont besoin de craindre pour bien se comporter. Mais, sur le plan pédagogique, quel type de respect voulons-nous inculquer?

Certains parents éduquent leurs enfants de manière à être craints par eux. En vieillissant, ces enfants cessent habituellement de les craindre. Alors, soit que la relation se détériore rapidement, soit qu'elle est totalement coupée. Ces parents n'avaient pas tout le respect de leurs enfants.

En inculquant des notions de respect, sans menaces, nous obtenons habituellement de bien meilleurs résultats. D'ailleurs, avec les menaces, nous ne sommes jamais vraiment respectés.

La respectabilité ne s'impose pas; elle se gagne avec le temps. Si nous tentons de l'imposer, en revanche, les enfants ne nous respecterons pas; ils auront simplement peur des punitions.

Posons-nous de nouveau la question suivante: En réalité, voulons-nous être craints par nos enfants ou voulons-nous être respectés?

Si nous fouillons à l'intérieur de nous, nous verrons sincèrement si nous recherchons la crainte ou le respect. Notre but n'est pas de faire peur à notre entourage ou à nos enfants. Nous désirons avoir de la considération, c'est tout! Mais la peur ne fait pas bon ménage avec les bonnes considérations, pas plus qu'avec l'amour de nos enfants.

Au départ, il est facile de penser que si l'enfant a peur des punitions, il se comportera mieux avec nous.

En fait, il peut avoir peur, mais rien ne garantit le respect réel, fiable et durable. De plus, certains enfants n'ont pas peur des punitions, tandis que d'autres n'acceptent pas de vivre le jeu de la peur, de l'injustice. Alors, une guerre de tranchées risque d'éclater pour y engouffrer le respect. Et de plus en plus de jeunes joueront le jeu de la peur en tournant cette arme contre nous. Ils chercheront, à leur tour, à semer la peur pour les mêmes raisons que nous. De cette façon, le vrai respect est exclu des relations.

Il est donc préférable d'être respecté plutôt que d'être craint. En pédagogie, c'est la meilleure voie.

Mais qu'est-ce que le respect au fait? C'est l'ensemble de la considération, de l'égard, de l'appréciation et même de l'amour que l'on porte à un être ou à une chose. Il s'exprime par la beauté, l'esthétisme et la justice d'un acte ou d'une parole.

Évidemment, ces belles qualités n'apparaissent pas automatiquement à la naissance du bébé. Avec un peu d'humour, nous pourrions dire qu'elles sont offertes en option et livrées longtemps après l'arrivée du cher petit bambin. Ce sont cependant des qualités qui s'acquièrent assez rapidement si nous savons comment nous y prendre.

Plusieurs familles vivent différents problèmes tels que chicanes, violences verbales ou physiques, frustrations, manque de communication, vols, etc. Lorsque nous analysons la situation, nous nous rendons compte que ce sont souvent les conséquences d'une éducation où il n'y avait pas assez de considération entre les individus.

Par exemple, plusieurs parents disent que leurs enfants ne les écoutent pas. Il s'agit habituellement d'un problème causé par un manque de considération parce que ces enfants ne voient pas ou n'accordent plus de valeur à ce que leurs parents leur racontent.

L'absence de respect n'est pas seulement la cause de plusieurs drames familiaux. Elle engendre aussi de nombreux petits désagréments tous les jours.

Mais lorsque les parents arrivent à instaurer des relations un peu plus respectueuses, nous observons que toutes ces difficultés s'estompent rapidement. Cependant, il faut savoir comment s'y prendre.

Le respect est l'échafaud grâce auquel les bonnes ententes et les bonnes relations familiales peuvent se construire. Il doit toujours être à la base de cette belle famille que l'on veut bâtir.

Le vrai respect doit prendre sa place.

La puissance du non pour un meilleur respect

Savoir dire non à son enfant lui permet, entre autres:

*   de réaliser que tout n'est pas gratuit;
*   de découvrir le caractère des gens;
*   d'apprécier la valeur de ses parents;
*   de remarquer ce que l'on fait pour lui;
*   de comprendre la richesse de la matière;
*   d'entrevoir la valeur de l'argent.

Tout n'est pas gratuit; il y a un prix à tout. Ce prix se paye en argent, en efforts ou en temps, selon le cas. Mais il y a toujours un prix. L'enfant doit découvrir rapidement ce principe. S'il en est inconscient, il ne pourra pas connaître la valeur des choses et les respecter à juste titre.

Les jouets de l'enfant ne tombent pas du ciel. Ce sont les parents, les amis ou le père Noël qui les lui procurent en travaillant, souvent durement. Il en est de même pour sa nourriture, ses vêtements, sa demeure, son lit et toutes les choses qu'il possède, ainsi que tout le temps et les efforts passés à s'occuper de lui. Tout ceci est précieux. Combien de parents sacrifient tout leur temps et même tout leur argent pour subvenir aux moindres besoins de leur enfant, faisant fi de leurs propres besoins? L'enfant passe en premier.

Adieu, certains rêves et plaisirs des parents! Il y a un enfant à s'occuper. Des vacances? Pour une autre année. Il faut d'abord acheter une bicyclette et un Nintendo à l'enfant. Besoin d'une paire de lunettes ou d'un examen dentaire? L'enfant d'abord! Et s'il reste suffisamment d'argent, alors ce sera au tour des parents.

Quel dévouement! Sincèrement, bravo!

Mais est-ce que l'enfant en a conscience? Nous avons tous intérêt, l'enfant comme le parent, de faire en sorte qu'il réalise la valeur de ce qui l'entoure, en particulier celle de ses parents. Sinon, comment peut-il les respecter?

Parfois, nous entendons dire: «Ah! c'est un enfant, il ne peut pas comprendre! C'est normal qu'il ne fasse pas attention à ses affaires ou qu'il nous parle ainsi. Un jour, il changera.»

Alors, l'enfant est libre de penser et d'agir comme tel. Il se dit: «Les parents doivent me servir et me donner ce que je veux. À quoi bon faire attention à mes affaires et aux gens qui m'entourent. Ça ne sert à rien, tout est gratuit. Les parents sont là pour payer et remplacer les objets brisés. C'est normal qu'ils s'occupent de moi, car ils n'ont pas le choix. Des parents, ça sert à cela!»

Ne comptons pas sur un remède miracle pour que les enfants cessent de penser ou d'agir de la sorte. Ces mauvaises attitudes peuvent durer très longtemps. Elles peuvent aussi empirer. L'espoir nous donne de la patience et de la force, mais pas de solutions. Alors, il est préférable de compter sur le présent et d'y remédier immédiatement.

Les enfants comprennent très rapidement ce qui leur est expliqué correctement. Dès qu'ils sont en âge de comprendre les mots, nous pouvons commencer à leur faire voir la valeur de ce qui les entoure. Nous pouvons, entre autres choses, commencer à leur montrer à être doux à notre égard avant même qu'ils comprennent le langage des mots.

En tant que parent, nous avons de la valeur. Notre travail, nos efforts et notre bonté ne doivent pas être dépréciés ni gaspillés, sous prétexte que nous sommes là pour ça et que c'est normal. Rappelons-nous que lorsque le respect fait défaut, une multitude de problèmes familiaux apparaissent.

Pour que l'enfant nous respecte, nous devons réaliser notre propre valeur, en prenant conscience que rien de ce que nous faisons n'a aucune importance ou aucune valeur. Une fois que nous l'avons réalisé, il est assez facile de le communiquer à son enfant.

Savoir dire non à son enfant implique d'abord de ne pas tenir pour acquis que nous devons toujours lui dire oui. Surtout lorsqu'il n'apprécie guère ce que nous faisons pour lui et lorsqu'il adopte une mauvaise attitude à notre égard.

Ensuite, savoir dire non permet à l'enfant de ne pas tenir pour acquis que tout lui est dû.

Une fois bien établis, ces deux principes préparent déjà le terrain pour éveiller le respect chez l'enfant.

CHAPITRE 2

Ma relation
avec mon enfant

Je ne suis plus l'esclave de mon enfant

En parcourant ces quelques pages à venir, laissons tomber l'idée que l'esclavage est synonyme de fouet et de chaînes. Soyons un peu plus subtils.

Pour ce faire, examinons deux points de vue différents: celui du parent et celui de l'enfant.

Le rôle du parent, selon son point de vue, consiste à prendre soin de l'enfant, à voir à sa sécurité, à le nourrir, à le vêtir, à le cajoler, à l'éduquer, etc. Par conséquent, le parent doit toujours être présent auprès de l'enfant et répondre à ses besoins; il doit adapter ses activités et son temps en fonction de l'enfant; il doit intervenir au moindre geste téméraire de l'enfant; il doit répondre autant que possible aux attentes et aux demandes de l'enfant.

L'enfant, selon son point de vue, n'a pas de rôle à jouer. Il joue, observe et acquiert des informations, tout simplement. Ainsi, lorsqu'il ressent une douleur, il la communique aux parents. Plus âgé, il comprendra que cette douleur était parfois la faim, la soif, un bobo ou la peur. Mais déjà, très jeune, il réalise qu'une grande personne est toujours présente à ses côtés. Cette personne lui donne l'impression qu'elle n'a rien d'autre à faire que de s'occuper de lui, car elle est constamment présente: «Elle m'habille, me donne à manger et à boire, me lave, me berce, me console et me parle souvent. Chaque fois que je pleure, elle vient s'occuper de moi. Chaque fois que je veux quelque chose ou... presque, elle me le donne. Elle est toujours là, prête à tout me donner.»

Nous pouvons résumer ces deux points de vue ainsi: le parent sert l'enfant et l'enfant se fait servir par le parent.

Évidemment, il s'agit d'une situation normale. Il va de soi que le parent s'occupe de l'enfant puisque celui-ci est trop jeune pour subvenir lui-même à ses propres besoins.

Cependant, la situation peut s'envenimer rapidement dans un tel contexte. Car, de toujours servir, le parent peut facilement glisser vers la servitude.

La différence entre «servir l'enfant» et «être en état de servitude avec l'enfant» est immense. Servir notre enfant signifie remplir certaines obligations et responsabilités envers lui. Par contre, être en état de servitude avec notre enfant signifie en être l'esclave.

Une grande différence existe entre les deux, même si elle n'est pas évidente au début. Une ligne sépare notre devoir de parent de la servitude du parent. Nous pouvons aisément nous placer d'un côté comme de l'autre, selon notre attitude et celle de l'enfant.

La servitude prévaut si le parent se laisse exploiter exagérément par l'enfant. Ce dernier peut être un bon manipulateur, mais c'est avant tout l'attitude du parent qui détermine son propre niveau de servitude. Parce que c'est le parent qui, à toutes fin utiles, permet ou ne permet pas à l'enfant d'abuser de sa bonté.

Pour ceux et celles qui ont le cœur sur la main, la pire chose est de se sentir obligés de tout donner à leur enfant en oubliant leur propre vie. À ce moment, ils sont presque assurés de glisser vers l'asservissement.

En tant que parent, nous devons nous dire que nous n'avons pas à tout donner à notre enfant, à n'importe quel prix.

Afin de nous aider à voir plus clair, voici treize conditions qui rendent les parents d'aujourd'hui esclaves et qui nuisent également à l'enfant.

Cette section du livre s'avère particulièrement importante parce qu'elle nous permet de pointer du doigt les moments de notre vie où nous devrions savoir dire non à nos enfants.

Ces treize conditions, accompagnées de nombreux exemples, sont en général d'excellentes références pour nous aider à connaître nos points faibles. Mais si nous ne les vivons que très rarement, nous ne sommes pas esclaves pour autant; il peut s'agir d'exceptions à la règle.

LES TREIZE CONDITIONS DE L'ESCLAVAGE DU PARENT MODERNE

Condition 1

Nous ne faisons pas la différence entre les besoins de l'enfant et ses caprices. Ainsi, nous sommes incapables de dire non à ses caprices.

• L'enfant pleure toujours pour que nous le portions dans nos bras, alors qu'il peut très bien marcher lui-même durant un bon moment, sans éprouver de fatigue. Il s'agit d'un caprice.

• L'enfant fait la fine gueule en regardant le nouveau mets dans son assiette. Il s'agit fort probablement d'un caprice. Il est bon que l'enfant goûte et s'habitue à de nouveaux plats.

• L'enfant se retrouve devant un étalage de bonbons et nous demande de lui en acheter. Nous ne voulons pas. Mais il insiste et commence à pleurer. Alors nous lui en achetons.

• L'enfant est à table et veut du jus. Il nous demande d'aller lui en chercher pendant que nous mangeons. Nous nous levons et allons lui en chercher. Si l'enfant peut se procurer le jus lui-même, sans problème, c'est que nous répondons à ses caprices.

Condition 2

Nous faisons pour lui ce qu'il serait capable de faire lui-même.

L'exemple précédent, sur le jus, est aussi valable pour cette deuxième condition.

• Habituellement, après les repas, nous débarrassons la table sans l'aide de l'enfant. Pourtant, il est capable de le faire, sans qu'il y ait un danger quelconque de briser la vaisselle.

• Nous ramassons ses jouets, alors qu'il est en âge de les ranger lui-même.

Condition 3

Nous nous efforçons constamment de lui faire plaisir et il ne l'apprécie pas. Pis encore, il a tendance à s'en «ficher royalement».

• Nous donnons beaucoup de temps à l'enfant: nous allons à la plage pour lui, nous cuisinons des biscuits pour lui, nous jouons avec lui. Bref, nous faisons beaucoup de bonnes choses pour lui, uniquement dans le but de lui faire plaisir. Mais il n'apprécie pas et nous traite amèrement.

Condition 4

Nous nous efforçons de satisfaire ses demandes et il change souvent d'idée, à la dernière minute, sans raisons valables.

- Une journée, l'enfant dit qu'il n'aime pas les carottes et qu'il aime uniquement les pois verts. Le lendemain, nous lui servons des pois verts. Là, il ne les aime plus et il veut plutôt des carottes.

Condition 5

Nous le laissons parler et agir avec nous d'une manière irrespectueuse, que nous n'accepterions jamais si cela venait d'un ami ou d'une personne autre que notre enfant.

- Notre enfant nous passe souvent la main à la figure, sans porter attention et sans douceur. Pourtant, il maîtrise amplement les mouvements de ses bras pour pouvoir faire attention.

- Nous tolérons parfois qu'il nous donne des coups et nous menace.

- À l'occasion, nous laissons notre enfant nous dire des grossièretés comme: «Ah! tu es con, tu es fou, tu es stupide, tu es niaiseux, etc.»

Condition 6

Nous perdons beaucoup de temps à lui répéter continuellement les mêmes consignes pour obtenir, en retour, peu de résultats.

- Nous passons une heure, chaque soir, à lui répéter d'aller se coucher.

- Nous passons deux heures par jour à lui répéter de faire ses devoirs scolaires.

- Jamais il ne coopère. Nous lui fournissons toujours les mêmes raisons sans obtenir de bons résultats.

Condition 7

Nous éprouvons des difficultés psychologiques à déléguer la garde de notre enfant.

- Nous hésitons à laisser notre enfant, même entre bonnes mains, pour nous permettre de faire une sortie.

- Nous retardons notre retour au travail uniquement à cause de l'insécurité amenée par l'idée de devoir laisser notre enfant à la garderie.

Condition 8

Nous cessons de pratiquer toutes les activités qui nous sont chères pour être toujours près de lui.

- Nous cessons de pratiquer notre sport favori, de passer une fin de semaine à l'extérieur, de rendre visite à de bons amis ou quoi que ce soit d'autre que nous aimions faire avant l'arrivée du bébé. Tout cela parce que nous sommes incapables de le quitter quelques heures ou quelques jours, par inquiétude.

Condition 9

Nous sommes incapables de penser à autre chose qu'à l'enfant.

- Lorsque l'enfant dort ou lorsqu'il est absent, nous ne pensons qu'à lui.

- Nous oublions nos propres besoins affectifs et ceux de notre conjoint, pour ne porter attention qu'à l'enfant.

- Nous nous culpabilisons de passer un peu de temps à l'extérieur sans notre enfant.

- Nous nous inquiétons souvent à son sujet, sans avoir de raisons valables ou sans que cela améliore quelque chose.

Condition 10

Nous avons tendance à trop lui donner, alors que cela ne lui rapporte rien ou presque.

- Nous lui achetons beaucoup de cadeaux (vêtements, jouets, etc.) qui lui serviront à peine.

Condition 11

Nous laissons l'enfant contrôler notre vie.

- Comme nous sommes prêts à partir, l'enfant décide qu'il ne part pas... et nous non plus.

- L'enfant veut nous accompagner pendant que nous faisons nos courses au centre commercial. Rendus sur les lieux, c'est lui qui décide dans quels magasins nous entrerons, selon ses humeurs et ses désirs.

- Toute la famille veut manger du spaghetti. Mais l'enfant en décide autrement à la dernière minute et force tout le monde à manger un autre plat. Pourtant, il aime le spaghetti, mais c'est sa façon à lui de manipuler les autres.

Condition 12

Nous avons trop d'attentes vis-à-vis de l'enfant.

- Nous voulons tout mettre en œuvre pour qu'il soit plus que parfait, même s'il est encore très jeune.

- Nous nous inquiétons trop rapidement si le développement physique ou mental de notre enfant semble retarder de quelques jours seulement. Nous le comparons souvent aux normes de développement établies à partir des moyennes; il ne marche pas encore à quatorze mois alors que la moyenne d'âge des bébés qui commencent à marcher se situe plus tôt; ses dents de lait ne sont pas encore sorties, alors que le petit voisin du même âge arbore un sourire bien dentelé; notre petit garçon ne dit pas encore un mot, alors que notre petite fille commençait déjà à parler à son âge.

- Nous voulons tout faire pour qu'il se comporte exactement comme nous l'espérons et qu'il aime les mêmes choses que nous.

- Nous sommes habités par le désir qu'il soit le meilleur de sa classe ou de son équipe.

Condition 13

Nous nous sentons inutilement responsables des erreurs commises par notre enfant.

- Chaque fois qu'il commet une bêtise, nous nous sentons coupables comme si nous l'avions faite nous-mêmes ou comme si nous lui avions montré à agir ainsi.

Si nous nous sommes reconnus, à la lecture de ces treize conditions, il est temps de changer notre attitude.

Savoir dire non permet aux parents de se libérer de cette servitude, surtout dans les familles où les mères donnent leur vie pour leur enfant.

Savoir dire non permet également à l'enfant de se libérer de certains problèmes causés par ce type de relation qui prévaut entre parent-esclave et enfant-roi tels qu'un mauvais caractère (gâté, prétentieux, asservissant, impulsif, profiteur, manipulateur et même violent), un manque d'autonomie, un manque de confiance en soi, une trop grande dépendance, un complexe de supériorité et plusieurs autres problèmes de comportement du même genre.

Que ce soit pour corriger ou pour prévenir, sachons dire non à tout âge et à toutes situations injustes. Ainsi, nous pourrons mieux bénéficier de la vie... et l'enfant aussi.

Je m'occupe de mon enfant, mais j'ai aussi ma vie

L'arrivée d'un nouveau-né est un événement très fort, qui marque le début d'un autre mode de vie pour les nouveaux parents.

Dès ce jour, la vie prend une signification différente, souvent chargée de grands sentiments. Puis, ces moments intenses – qui durent un certain temps – laissent place aux responsabilités exigeantes. L'inconnu, l'apprentissage des soins à apporter au bébé, ainsi que l'inquiétude font maintenant partie du quotidien.

Du sommet de la montagne des émotions – joie, peur, douleur, extase, fatigue –, nous sommes descendus, appelés par nos nouvelles tâches. L'attraction entre nous et le bébé ainsi que tout le temps passé à prendre soin de lui ont réussi à nous débrancher de notre vie quotidienne. C'est bien normal; cela fait partie de cette nouvelle alliance.

Bien que bébé fasse maintenant partie de notre nouvelle vie, un jour ou l'autre, il faudra retrouver cette réalité qui était nôtre, du moins, une partie!

Nous ne pouvons pas oublier éternellement ce qui nous est cher, sans vivre des frustrations et des heurts, éventuellement. C'est pourquoi il est fortement recommandé de concilier nos nouvelles occupations de parent avec nos activités qui nous sont propres, sans trop tarder, car nous avons aussi notre vie à vivre. Elle inclut le bébé évidemment, mais elle n'exclut certainement pas nos besoins personnels. L'enfant peut combler plusieurs aspects de notre vie, mais pas tous.

En effet, l'enfant suffit-il réellement, à lui seul, à nous combler de bonheur pendant des années? à répondre à tous nos besoins personnels? Pouvons-nous vraiment tout lui donner sans rien espérer en retour? Comblera-t-il nos attentes pour nous faire plaisir? Le rôle de l'enfant est-il vraiment de satisfaire les attentes de ses parents? Qu'arrivera-t-il le jour où il se détachera de nous? Est-il raisonnable que notre bonheur dépende uniquement des autres, conjoint et enfants? Cette trop grande dépendance entre le parent et l'enfant ne risque-t-elle pas d'étouffer psychologiquement l'un ou l'autre? Pouvons-nous vraiment rendre l'enfant responsable de nos ennuis?

Ces questions et leurs réponses, sous-entendues mais faciles à deviner, livrent le message suivant: il est beaucoup plus sage de ne pas trop compter sur les autres, même sur nos enfants. Et il ne faut jamais s'oublier complètement. Il est beaucoup plus sain de penser un peu à soi-même, car l'enfant ne pourra certainement pas nous rendre, d'une quelconque manière, tout ce qu'on lui a donné. Il a sa vie. Il aura des enfants à s'occuper. Nous avons notre vie à vivre. Vivons-la chaque fois que l'occasion se présente!

Plusieurs parents, surtout les mères (étant donné que ce sont encore elles généralement qui s'occupent le plus des enfants), ont tendance à s'oublier pour se donner entièrement à leur enfant. Cette abnégation de soi ne peut durer qu'un certain temps. Sinon, nous risquons d'accumuler des frustrations, en plus d'éprouver un grand vide, qui seront plus ou moins insupportables et qui pourraient créer de dangereux remous au sein de la famille et affecter nos enfants. Les frustrations remontent toujours à la surface un jour ou l'autre. Quant au vide, il peut nous faire tomber dans l'ennui et même dans la déprime.

Bien des occasions sont perdues par notre bonté démesurée et par notre faiblesse à ne pas savoir dire non.

Nous devons compter un peu plus sur nous-même, en faisant régulièrement des choses qui nous plaisent (voir des amis, prendre le temps de lire, manger ce que nous aimons, aller au cinéma ou au restaurant, étudier, travailler, etc.), sans que cela soit toujours en fonction de faire plaisir à quelqu'un d'autre, mais pour nous faire du bien.

Nous ne pouvons pas toujours nous oublier sans développer ces problèmes, à moins d'avoir une vocation religieuse. Mais la vocation de parent est différente. En effet, la turbulence des enfants et l'attention qu'ils demandent créent des conditions qui n'ont rien à voir avec celles qui caractérisent la vie des monastères.

Bien entendu, nous devons penser à nos enfants, à notre famille et voir à tout ce que cela comporte comme organisation.

Nul doute que faire le bonheur des autres contribue au nôtre. Il est donc important de nous occuper de l'ensemble de notre famille. Mais il est faux de croire que nous pouvons donner à l'infini. Nous devons faire le plein de temps à autre. Tôt ou tard, il arrive un moment où nous ne pouvons plus donner ce qui nous manque. Il ne s'agit pas d'être égoïste. Il s'agit plutôt d'un principe simple, cohérent, intelligent: il doit y avoir un peu de place pour nous.

Si nous savons nous aimer nous-même, en nous donnant occasionnellement ce dont nous avons besoin, nous pourrons aimer parfaitement nos enfants.

Il est essentiel de se donner un peu de place et un peu de liberté. Il faut parfois savoir dire non à ses enfants pour retrouver l'espace et la liberté que personne n'est forcé de perdre et que personne n'a le droit de nous prendre. Savoir dire non nous permet de savoir nous occuper de notre famille tout en l'empêchant d'abuser de notre personne. Il faut savoir préserver notre intégrité pour être en mesure de donner une bonne éducation à nos enfants.

Enfin! mon enfant ne me «grimpe plus sur le dos»!

Certaines personnes considèrent comme normal qu'un enfant «grimpe sur le dos» de ses parents. Pourtant, ces mêmes personnes aspirent toutes à être respectées par leurs enfants. Voilà une erreur de conception; il y a une incompatibilité.

Si c'est notre cas, nous tirerions avantage à corriger cette idée, pour nous assurer un meilleur respect.

Pour obtenir de bonnes relations avec notre enfant, il est essentiel de lui apprendre à ne pas empiéter sur notre terrain, donc à ne pas nous «grimper sur le dos», selon l'expression populaire.

Nous avons besoin de connaître la signification exacte de cette expression, car ce même comportement peut être considéré comme convenable pour un parent et comme anormal pour un autre.

Pour lui donner un sens précis, auquel nous pourrons nous reporter fréquemment, je vous propose ce témoignage.

«Un jour, alors que j'assistais à un cours où des gens étaient tous assis par terre, assez près les uns des autres, une petite fille d'environ deux ans s'amusait à se lever toutes les deux minutes pour passer entre nous. C'était une enfant très intelligente, car elle comprenait de toute évidence ce que l'enseignant disait aux adultes. Par contre, contrairement aux adultes, elle bougeait constamment. Elle passait et repassait entre les gens sans arrêt et sans se fatiguer. Le problème est qu'elle marchait sur les pieds de certaines personnes et s'appuyait sur d'autres sans faire attention. De plus, elle passait sa main sur la tête d'une personne, puis ses fesses sur l'épaule d'une autre. Les gens, pour la plupart de bons parents, la laissaient faire, probablement pour ne pas qu'elle s'ennuie. Nous trouvions cela normal de la part d'une enfant de cet âge, jusqu'à ce que, soudain, passant près d'un membre du groupe, celui-ci la saisit doucement par les épaules. Il la regarda droit dans les yeux et lui dit calmement: «Tu peux bouger tant que tu veux. Tu peux te promener entre nous sans aucun problème. Mais tu ne me marches jamais sur les pieds et tu fais attention lorsque tu passes près de moi. Si tu as besoin de t'appuyer sur mon épaule, ça va, si tu le fais doucement.» Une demi-heure plus tard, devinez sur qui la petite fille est allée s'asseoir tout gentiment? Sur ce monsieur. Le seul qui a eu droit à ce privilège durant toute la journée.»

François Martel
Directeur du Centre de l'éducation
et de la famille

Cet exemple résume bien l'idée du respect. L'homme en question ne lui défendait pas d'agir comme une enfant, c'est-à-dire de bouger et de s'amuser. Donc, il respectait la petite fille. Mais il lui défendait clairement de lui grimper dessus. Donc, il se respectait aussi et il savait dire non.

Pour d'autres exemples, reportez-vous aux treize conditions de l'esclavage du parent moderne, plus particulièrement aux numéros 1, 2, 5, 6 et 12.

Il est assez fréquent que des parents se fassent carrément «grimper sur le dos» physiquement par leurs enfants. Ils grimpent après leurs jambes. Ils passent consciemment leurs mains sur le visage des parents sans faire attention. Ils leur donnent des coups de pied ou ils les frappent avec les mains. Ils ne font pas d'efforts pour se soutenir eux-mêmes et ils exigent exagérément qu'on les porte. Ils pigent dans l'assiette des parents sans le demander, etc.

Se faire «grimper sur le dos» ne se limite pas à cela. Il y a aussi toute la dimension psychologique de l'expression. Plusieurs parents subissent beaucoup de pression à ce niveau, une pression qui finit par peser très lourd sur leurs épaules. Pensons aux enfants qui crient à tue-tête au lieu de parler doucement; qui sont toujours énervés et qui donnent toujours l'impression que tout est urgent; qui narguent leurs parents en faisant tout le contraire de ce qui leur est demandé; qui menacent leurs parents avec des idées et des mots très violents; etc.

Il faut savoir dire **non**!

De telles relations ne se vivent jamais sans perdant. Et contrairement à ce que nous pouvons parfois imaginer, tout le monde y perd, même l'enfant. Il n'apprend pas à échanger convenablement et agréablement avec autrui, car sa vie est construite sur des relations de mauvaises qualités. Il n'apprend pas à aimer et ne connaît pas certaines valeurs inestimables. Le parent, pour sa part, perd une partie de son bonheur et une partie de sa vie. Tous deux passent à côté de nombreux plaisirs.

Il ne s'agit pas d'empêcher notre enfant de vivre. Certes, il est très convenable de lui laisser beaucoup de liberté, quand cela est positif et lui est profitable, mais jamais lorsqu'il nous porte atteinte inutilement.

Non seulement le fait de savoir dire non au bon moment et de la bonne manière met fin à ce manque de respect, mais il amène également l'enfant à faire une juste part des choses. La différence entre ce qui lui est permis et ce qui ne l'est pas sera beaucoup plus claire. Il la découvrira rapidement, grâce à nos interventions et à nos explications qui lui indiqueront les limites.

Savoir dire non permet d'établir une relation parent-enfant sans qu'il y ait de perdant. Nous faisons un bout de chemin, l'enfant fait le sien avec nous, sans être sur nous.

Lorsque l'enfant est capable de comprendre ce que nous lui disons et qu'il est en mesure de faire certaines choses lui-même, nous devons faire en sorte de lui enseigner à ne pas être sur notre dos, à bien se tenir et à moins s'accrocher à nous. Ainsi, il apprendra à bien vivre et, de surcroît, il développera plus d'autonomie. Le tout gentiment, bien sûr!

Tant et aussi longtemps que nous permettrons à nos enfants de nous «grimper sur le dos», d'être irrespectueux envers nous, il est normal qu'ils continueront à le faire.

Mais, nous en conviendrons, il est préférable de les éduquer en leur montrant nos limites.

L'enfant veut découvrir nos limites

Dès le début, avant même sa naissance, le bébé à l'intérieur de l'utérus perçoit des sons et des sensations. Puis, une fois qu'il quitte son petit nid, un monde se dévoile à lui. En quelques jours, le nouveau venu commence à ouvrir les yeux. Il aiguise tous ses sens. Par leur truchement, il recueille sans cesse des informations sur son univers: des images, des sensations tactiles, des sons, des odeurs et, n'oublions pas, le goût du bon lait chaud. Très tôt, le bébé devient un grand observateur. Entretemps, il commence à bouger de façon plus dynamique pour explorer son monde en profondeur. Il y a tellement d'objets de toutes sortes à découvrir! Mais ce qui attire le plus souvent son attention, ce sont évidemment les gens autour de lui.

Après quelques semaines, le petit enfant ressent de plus en plus ce besoin vital d'aller chercher le maximum d'informations. Il veut se faire une idée précise de son milieu, le connaître!

Pendant sa mission d'exploration, il découvre des limites matérielles qui piquent sa curiosité: des portes infranchissables, des objets inaccessibles, etc. Il ne peut les atteindre, mais ce n'est que partie remise. Il détecte aussi une foule de restrictions imposées par ses parents et par d'autres personnes autour de lui. Tous ces interdits, il tente évidemment de les transgresser.

Habituellement, plus l'enfant est éveillé, plus il cherche à surmonter les interdictions physiques ou parentales imposées à son petit monde.

Lors d'ateliers ou de conférences, certains parents disent à propos de leur enfant: «S'il est si intelligent, pourquoi ne comprend-il pas ce que nous lui demandons?»

À cette question, il y a une réponse: Les enfants sont non seulement assez intelligents pour comprendre ce que nous leur demandons ou interdisons, mais ils le sont suffisamment pour comprendre qu'ils peuvent continuer à faire ce qui leur plaît. Car les interdictions ne tiennent pas assez.

Nous pouvons toujours nous consoler en nous disant que ce comportement chez notre enfant est la preuve de son intelligence. Mais allons un peu plus loin.

Les enfants ont un besoin vital de connaître leurs limites. Un peu comme lorsque nous visitons un pays étranger, il importe de savoir où nous pouvons loger, manger, prendre le train, acheter un carte ou un dictionnaire pour traduire la langue du pays, savoir ce qu'il y a à visiter, etc. C'est une question de sécurité et de cheminement.

Il en est de même pour les jeunes enfants qui veulent découvrir le plus rapidement possible jusqu'où ils peuvent aller et ce qu'ils peuvent faire. Ils font cet apprentissage en observant et en testant leur entourage, pas toujours au plaisir des parents. D'ailleurs, cela leur permet de mieux les connaître et de juger ce qu'ils leur permettent et ce qu'ils leur interdisent. Les enfants cherchent à le savoir! C'est important pour eux.

Dans leur apprentissage des limites, les enfants découvrent des interdictions infranchissables. Une fois bien convaincus qu'il s'agit d'impasses, c'est-à-dire lorsqu'ils se sont butés à plusieurs reprises à ces interdits sans avoir le dessus, l'affaire est classée. Ils passent à autre chose. Mais tant qu'il y a des portes ouvertes, tant qu'il y a des possibilités de contourner ces obstacles, ils tenteront leur coup. Ils essayeront à nouveau de les dépasser jusqu'à preuve du contraire. C'est pourquoi, lorsqu'ils perçoivent un manque de fermeté chez les parents, ils tenteront d'exploiter cette faille.

C'est là où plusieurs parents se font manipuler. L'enfant sent ou sait qu'il peut jouer avec certaines défenses douteuses, car elles ne sont pas maintenues assez fermement par l'entourage.

En voici des exemples, tirés de cas vécus.

- Jean se tient debout face à son père et exige qu'il lui donne la télécommande. Son père lui répond en disant de ne pas lui parler sur ce ton. Mais Jean continue de l'affronter de la même manière, pour finalement obtenir ce qu'il désirait.

- Une fillette s'accroche au pantalon de sa mère en la suppliant de la prendre dans ses bras. Sa mère lui dit, en criant d'impatience, de marcher à côté d'elle. La petite fille continue de s'accrocher, pendant que sa mère insiste en lui répétant la même chose. Puis, soudainement, celle-ci décide de la prendre dans ses bras. Le tout s'est joué en quinze secondes.

- Des parents veulent imposer une discipline à leurs enfants; ceux-ci doivent ranger leurs souliers et leurs manteaux en entrant dans la maison. Certains jours, ces parents s'organisent pour que les enfants mettent en place leurs affaires, tandis que d'autres jours, ils leur permettent de tout laisser traîner.

Il y a beaucoup d'exemples comme ceux-ci avec lesquels il est facile de comprendre pourquoi les enfants n'écoutent pas et transgressent les règles.

En fait, au sein de plusieurs familles, les enfants découvrent que, la plupart du temps, leurs parents ne savent pas dire non. Ils se rendent compte que leurs parents se sentent coupables de dire non et qu'ils sont incapables de s'imposer avec suffisamment de fermeté.

Ils savent que leurs parents les laissent faire (disent oui d'une certaine manière) pour avoir la paix, pour ne pas avoir à lutter contre eux et risquer de devoir subir des grincements de dents et des pleurs. Mais cette paix sera toujours éphémère, car le comportement de l'enfant ne changera pas. L'enfant a gagné une fois; il recommencera. Il se dit: «Je vais m'essayer, car cela fonctionne de temps en temps. Bof! Les parents chialent, mais ils finissent par dire oui pour avoir la paix. Il s'agit d'insister. Ils nous parlent fort et ils menacent souvent de nous mettre en punition, mais ils passent rarement à l'action.» Au contraire, il devrait pouvoir se dire clairement: «Ça, je ne peux pas.» Alors, ce serait réglé une fois pour toutes.

Il ne faut pas se surprendre si l'enfant continue à nous manipuler et à transgresser les règles.

Lorsque l'enfant explore son monde, plus souvent qu'autrement, il découvre «nos» limites psychologiques. Il faut donc savoir lui les montrer clairement: oui, cela me convient; non, cela ne va pas, etc. Et maintenir nos positions tant et aussi longtemps qu'elles sont raisonnables.

Si nous connaissons clairement nos limites, l'enfant connaîtra clairement les siennes au sein de la famille.

Savoir faire respecter nos limites passe définitivement par un non convaincant et intelligent qui sera pris au sérieux par l'enfant. Nous en reparlerons plus loin.

CHAPITRE 3

L'amour de mon enfant

L'enfant voit-il son bonheur?

Faisons un petit détour du côté du bonheur, puis partons à la recherche de l'amour.

Le bonheur vacille bien souvent. Un jour, il est présent à la maison, le lendemain, il fuit vers d'autres toits. Puis, il revient.

Le bonheur porte aussi plusieurs noms: extase, joie, bien-être ou satisfaction. Parfois, il s'agit d'une simple question d'attitude.

Durant une grande partie de notre vie, le bonheur ressemble à une paire de lunettes: elles sont sur le bout de notre nez, mais nous ne les voyons plus.

Saviez-vous qu'en temps de paix il y a beaucoup plus de suicides et de dépressions qu'en temps de guerre? La guerre et le bonheur vont-ils de pair? Non, pas vraiment! Car la guerre n'a surtout pas un caractère paradisiaque. Cependant, qu'arrive-t-il en temps de paix pour que plusieurs personnes dépriment et aboutissent au suicide? Pourquoi ne semblent-elles pas plus heureuses en temps de paix?

En fait, plus la période de paix s'étire dans le temps, plus le nombre de dépressions et de suicides annuel augmente. À partir de cette constatation, nous pouvons en conclure qu'en temps de paix les gens ne voient plus leur bonheur. Du moment où nous vivons du bon temps, et ce, durant une assez longue période, nous finissons par ne plus voir notre bien-être et la valeur de nos acquis.

C'est aussi ce qui arrive à plusieurs enfants. Ils ont beau vivre à l'intérieur d'une famille où ils pourraient se sentir bien et heureux, mais non, ils ne le voient pas, ils n'en sont pas conscients. Pourtant, leur bonheur se trouve au bout de leur nez.

Ceci est un phénomène courant. Une chose peut être là, tout près de nous, mais si nous ne la voyons pas, nous passerons à côté d'elle. Cependant, lorsque nous la découvrons, nous pouvons en bénéficier pleinement.

Certes, il existe des situations familiales que le bonheur fuit. Mais pour la plupart des familles, le bonheur demeure tout près. Il faut simplement s'en rendre compte, puis le pointer du doigt pour le faire redécouvrir à la famille.

En éducation, l'art de souligner les bons moments et les bons aspects de la vie de famille, afin que nos enfants les remarquent, s'avère un atout pour gagner leur bonheur.

Nous devons comprendre que l'enfant est né dans un contexte familial où il y passe plusieurs années. Ce contexte a beau être convenable et propice au bonheur, l'enfant ne le voit pas. Il y vit rapidement sous la banalité des habitudes. Il finit par tenir pour acquis que tout ce qu'il possède et tout ce dont il bénéficie est normal et bien ordinaire. Les adultes vivent aussi ce phénomène. Ceci n'a rien de neuf!

L'enfant, tout comme plusieurs adultes, a plutôt tendance à voir les problèmes de sa famille, au lieu d'en voir les avantages. La pelouse est toujours plus verte chez le voisin!

C'est pourquoi il a besoin que nous lui fassions voir les avantages et les privilèges de son contexte familial pour qu'il s'y sente plus heureux.

Il en est de même pour l'amour...

L'amour, pas toujours évident!

L'amour, c'est très relatif, tout comme le bonheur. Il peut être présent et pourtant, nous pouvons l'oublier dans l'engrenage de la routine et de l'habitude. Un acte d'amour pur peut très facilement être considéré comme banal. Faire à manger à ses enfants est un acte d'amour. Mais il faut s'en rendre compte. L'enfant doit le voir comme tel.

De part et d'autre, si nous ne voyons pas la valeur de ce que notre entourage fait pour nous, en nous disant sans cesse que tout cela est bien banal, nous passons nécessairement à côté de nombreux plaisirs et échanges affectifs.

L'amour, c'est comme le bonheur: nous devons le voir lorsqu'il est autour de nous pour le vivre réellement et pour en bénéficier. Ainsi, à travers les simples manifestations de tous les jours, il se ravive instantanément.

Par exemple, si nous sommes capables de voir et d'apprécier la beauté émanant d'un simple geste, tel un petit service rendu par notre enfant, notre amour pour lui s'intensifiera automatiquement. Dans le cas contraire, en considérant ce service comme une chose banale, notre amour demeurera enfoui à l'intérieur de nous.

Si l'amour entre un parent et un enfant n'est pas perçu à travers leurs gestes et leurs attentions, ils auront de la difficulté à en bénéficier. Mais lorsqu'ils prennent conscience de la beauté de cet amour, communiqué dans leur quotidien, c'est seulement à ce moment qu'ils peuvent réellement en jouir.

Éveiller notre enfant à faire cette même constatation lui permet de développer son amour et son bien-être au sein de sa famille. Il en sera plus conscient. De ce fait, la possibilité qu'il doute de ne pas être aimé diminuera grandement. Aussi, la possibilité que nous doutions de l'amour qu'il nous porte s'estompera également.

Sans cette vision, l'amour comme le bonheur n'est pas évident pour personne.

Pour être aimé...

Est-il possible d'aimer sans apprécier? Certainement pas.

Regardons les moments où l'amour vibre à son maximum; par exemple, les instants les plus délectables passés avec une personne. Ce sont habituellement ceux où, pour une raison quelconque, nous apprécions le plus la présence et l'attention de l'autre.

Manifestement, pour aimer, il est essentiel d'être capables d'apprécier. C'est pourquoi l'enfant doit d'abord apprécier.

Nous l'avons vu, une multitude de petits gestes et de soins initiés par le parent peuvent passer inaperçus, même durant toute une vie. Pourtant, l'enfant devrait les apprécier. Pour qu'il puisse le faire, le parent doit lui-même cesser de considérer ce qu'il fait pour son enfant comme si ce n'était rien. Alors, l'enfant cessera à son tour de le concevoir comme tel.

Sonnons l'alerte! Ce que nous faisons pour nos enfants a une grande valeur.

Comment pouvons-nous ressentir l'amour de notre enfant s'il tient pour acquis tout ce que nous faisons pour lui et l'apprécie peu?

L'enfant ne nous estime pas si certaines idées comme celles-ci résonnent dans sa tête: «C'est normal que mes parents me donnent ce que je veux. Moi, je n'ai rien à faire. C'est à eux de tout faire. Et s'ils ne veulent pas, c'est une injustice et ce sont des monstres.»

Beaucoup d'enfants pensent ainsi. Malheureusement, cette façon de voir enlève pratiquement toute valeur aux actes, aux choses et aux personnes. Elle tend également à séparer les gens plutôt qu'à les unir.

En ayant de telles pensées, l'enfant ne peut pas nous apprécier à notre juste valeur. Une grande partie de son amour pour nous ne se manifeste pas. Non pas par méchanceté, mais par un manque de conscience. Il ne voit pas l'amour.

Normalement, si nous demandons aux enfants s'ils aiment leurs parents, ils répondront oui. Mais concrètement, lorsque nous observons leur quotidien, ce qu'ils expriment est bien souvent en deçà de cet amour. Car ils ne voient plus la valeur de ce qui les entoure, ou ils ne l'ont jamais vue!

Par amour pour nos enfants et pour être mieux aimé par eux, enseignons-leur la beauté et la valeur de petites choses. Enseignons-leur à ne pas tenir pour acquis tout ce que nous faisons pour eux. Ils apprécieront leur monde: ce qu'ils possèdent et ceux qui les entourent.

Mon enfant apprécie ce que je fais pour lui

Comment faire apprécier à l'enfant ce qu'il possède? Comment lui faire apprécier ce que nous faisons pour lui? Comment pouvons-nous lui inculquer cette notion?

Il y a trois règles à suivre. Elles sont simples, éducatives et aussi très efficaces.

LES TROIS RÈGLES À SUIVRE POUR QUE L'ENFANT APPRÉCIE

1. IL FAUT HABITUER L'ENFANT À NE JAMAIS TENIR POUR ACQUIS QUE TOUT LUI EST DÛ.

L'enfant ne doit donc jamais avoir la certitude que nous dirons toujours oui à ses demandes. De plus, il ne doit jamais tenir pour acquis que nous lui devons quoi que ce soit, sous prétexte que nous sommes ses parents. Mais cela ne signifie pas que nous devons cesser de lui donner. L'enfant doit simplement perdre l'habitude de penser qu'il obtiendra toujours une réponse affirmative, peu importe la considération qu'il nous porte. C'est ça qui est important!

2. IL FAUT ENSEIGNER À L'ENFANT LA VALEUR DES CHOSES.

L'enfant doit connaître la valeur des choses. Nous devons l'instruire de ces valeurs pour qu'il en soit conscient. À cette fin, plusieurs approches sont bonnes: lui faire exécuter certaines tâches pour qu'il découvre tout l'effort que cela représente; discuter du travail et des efforts qui doivent être déployés pour obtenir certaines choses; l'instruire de la valeur de l'argent en fonction du travail que cela représente (le salaire brut, le salaire net, les dépenses de base à rencontrer, le coût du loyer, le peu d'argent qu'il nous reste, etc.); lui parler de la beauté de simples petits gestes serviables; lui expliquer que rien n'est gratuit et qu'il y a toujours quelqu'un qui paye de son argent ou de son temps; lui parler de la valeur du temps que les gens lui accordent (ils pourraient faire autre chose qu'être là à ses côtés pour l'aider); lui faire voir qu'il passe du bon temps afin qu'il le réalise et s'en souvienne; lui faire voir qu'il est bien à la maison pour qu'il le réalise et qu'il s'en souvienne; lui montrer les avantages de son milieu comparativement à ceux des millions de personnes désavantagées, etc.

Notez que, à elles seules, ces deux premières règles peuvent être suffisantes pour que l'enfant puisse apprécier davantage. Mais il peut arriver que l'enfant ne nous prenne pas au sérieux. Pour nous en assurer, suivons la règle suivante. Pour certains parents, cette troisième règle peut exiger quelques changements d'attitude et un peu de pratique. Mais elle est parfois nécessaire.

3. L'ENFANT DOIT ÊTRE «CONVAINCU» QUE NOUS SOMMES CAPABLES DE DIRE NON.

Sinon, il ne nous croira pas et il continuera de penser que tout lui est dû. Pour qu'il en soit convaincu, il faut d'abord que nous le soyons nous-mêmes. Plus nous saurons clairement pourquoi nous disons non, plus ce sera facile d'avoir de la conviction. Cela aura un effet direct sur notre enfant: il saura que lorsque c'est non, c'est non! Finalement, il sera convaincu. D'ici là, pour nous aider à nous en convaincre, rappelons-nous que personne ne mérite d'être l'esclave de quiconque, pas même de nos enfants. Nous pouvons être serviables avec eux, à condition qu'ils s'en rendent compte et que cela leur serve. Dans le cas contraire, si nous continuons à tout leur donner, sans rien dire, nous ne leur rendons probablement pas service. Lorsque le comportement ou la requête de notre enfant n'a aucun sens, nous sommes en droit de dire non. À mesure que nous avancerons dans la lecture du livre, nous comprendrons mieux l'importance d'être capables de dire non pour le bien de notre enfant, mais aussi par souci de justice.

Voilà trois règles qui devraient faire partie intégrante d'une éducation de tous les jours. Du moins, tant que cela s'avère nécessaire. En les appliquant, il devient très facile pour les parents d'établir des relations équitables avec leurs enfants. En effet, une fois que les enfants sont habitués à cette façon de penser, il est naturel pour eux d'apprécier tout ce que leurs parents font pour eux. Plus vite nous appliquons ces règles, plus cette mentalité sera facile à inculquer. Une fois que notre enfant devient adolescent, ce changement de mentalité au sein de la famille est un peu plus ardu, mais il est essentiel au bonheur. Il est important d'exclure de notre esprit toutes les notions de servitude, de normalité et de banalité à l'intérieur de la famille.

L'appréciation est un sentiment essentiel pour vivre l'amour. L'enfant qui sait apprécier est heureux.

La permissivité ne garantit pas leur amour

Le fait de ne pas dire non aux enfants ne leur permet pas de mieux nous aimer.

Deux raisons peuvent nous causer des difficultés à dire non à nos chers enfants et nous rendre ainsi trop permissifs avec eux.

La première est le manque de connaissances en matière d'éducation.

En effet, nous pouvons donner une éducation trop permissive tout simplement parce que nous ignorons les pièges d'une telle éducation. Plusieurs parents ne sont pas au courant des conséquences négatives qu'elle engendre.

C'est pourquoi, en première partie du livre, nous mettons en évidence ces pièges et que, parallèlement, nous décrivons les effets positifs suscités par l'acquisition de l'habileté à savoir dire non. De cette manière, nous voulons pallier ce manque d'information pour aider tous les parents qui ont à cœur la qualité de l'éducation donnée à leurs enfants.

La seconde raison se cache dans les profondeurs de notre âme et elle influence bon nombre de parents: vouloir conquérir l'amour de nos enfants, vouloir nourrir le désir si précieux d'être aimé.

Mais entre ce désir si puissant et la réalité quotidienne, il y a une marge. C'est tout un art d'y arriver.

Le fait de trop gâter nos enfants ou le fait d'avoir des difficultés à intervenir lorsque ce serait nécessaire, bref, être trop permissif mène rarement à cet amour, et ce, même si nous agissons ainsi justement par amour. Leur attitude risque de nous décevoir. La situation ne sera pas la hauteur de nos attentes.

En fait, bien des parents sont trop permissifs à cause d'une idée très précise: en leur laissant une grande liberté inconditionnelle et en leur donnant beaucoup, les enfants seront plus heureux, ils nous aimeront davantage, ils seront respectueux et bons à notre égard. C'est une illusion!

Il est vrai que la plupart des enfants aimeraient davantage avoir des parents «gâteaux», plutôt que d'avoir des parents trop durs. Mais un parent qui a une approche trop dure est celui qui ne sait pas dire non correctement. Car il ne s'agit pas d'être dur. Et il est faux de croire que les enfants aiment davantage les parents «gâteaux» que les parents bons et pédagogues. Les enfants sont plus heureux et bénéficient d'une meilleure relation, autant avec leurs parents qu'avec l'extérieur, s'ils sont éduqués par des parents pédagogues qui savent dire non au bon moment.

Il est important, pour nous et pour nos enfants, de comprendre qu'une attitude très permissive ne mène pas automatiquement à l'amour, pas plus qu'un comportement trop rigide, trop contraignant et trop dominant. Nous n'avons qu'à observer l'attitude des enfants pour nous en convaincre. Très jeunes, ils manifestent des comportements spontanés mais très variables et pas toujours «bon joueur»: jalousie, manque de respect, égoïsme, indifférence, violence, manipulation, agressivité et colère. Bref, les enfants ont une gamme d'expressions, qui ne font pas toujours la joie des parents. Notre rôle consiste à tempérer ces façons d'être. Être très permissif avec nos enfants donne beaucoup trop de latitude à ces expressions qui sont loin d'être des manifestations d'amour.

Savoir dire non au bon moment et de la bonne manière est certainement un meilleur gage d'amour.

CHAPITRE 4

Être un bon parent

Attention! Parent trop bon, enfant gâté!

Qui sont les parents trop bons? Évidemment, ce sont des gens remplis d'une grande bonté pour leurs enfants, mais qui, malheureusement, les gâtent un peu trop.

Il y a deux types de parents trop bons: les parents «gâteaux» et les parents «gâteux».

Les parents «gâteaux» sont ceux qui gâtent exagérément leurs enfants, soit en leur achetant trop de jouets, de cadeaux ou de bonbons, soit en leur accordant trop de faveurs. Ici, nous parlons de parents qui donnent trop à leurs enfants simplement par bonté.

Les parents «gâteux» sont ceux qui gâtent leurs enfants parce qu'ils sont incapables de dire non. Parce qu'ils trop permissifs avec leurs enfants, ils les laissent faire quasiment n'importe quoi, ou presque. Plusieurs raisons peuvent nous empêcher de dire non à nos enfants et nous amener à devenir des parents «gâteux».

* Vouloir gagner leur affection, en les laissant tout faire;

* Éprouver des difficultés à supporter certaines réactions de leur part (peines, larmes, crises, menaces, etc.);

* Éprouver des difficultés à supporter des décisions qui peuvent nous faire paraître sévères ou nous faire passer pour de mauvais parents.

Si nous sommes des parents «gâteaux» ou des parents «gâteux», ou même les deux, nous sommes en droit de nous demander s'il est réellement possible d'être trop bons avec nos enfants.

- En convenant qu'être **bon** signifie être correct et juste avec l'enfant ainsi qu'avec tous les membres de la famille.

- En convenant aussi qu'être **trop bon** soit injuste pour celui ou celle qui donne trop, en plus d'être mauvais pour le caractère de l'enfant.

Oui, il est effectivement possible d'être trop bon.

À partir de là, il reste à savoir si nous le sommes vraiment. Comment pouvons-nous juger si nous sommes trop bons avec nos enfants?

Il est assez simple de le vérifier.

D'une part, si nous sentons que nos enfants minent notre existence, qu'ils prennent trop de place dans notre vie et que nous nous sentons étouffés par leurs attitudes, que cette situation est exagérée et que nous n'arrivons pas à y mettre un point, c'est peut-être un signe que nous sommes trop bons et que nous en faisons trop pour eux.

D'autre part, si nous observons que nos enfants prennent une mauvaise tendance en agissant en enfants gâtés, c'est fort probablement un autre signe que nous sommes trop bons.

Mais qu'est-ce qu'un enfant gâté, au juste?

Selon la définition du dictionnaire *Le Petit Robert 1*, un enfant gâté se décrit comme suit: «*Enfant gâté, que ses parents choient trop, à qui l'on passe tous ses caprices. Par extension, personne capricieuse, habituée à voir satisfaire ses moindres désirs...*»

Nous pouvons ajouter à cette définition plusieurs autres traits de caractère qui sont indésirables: l'enfant gâté peut avoir un caractère difficile, bougonneur, soupe au lait, tempétueux et trop dépendant.

Peu importe la raison pour laquelle des parents gâtent trop leurs enfants, il y a une conséquence quasi absolue: l'enfant gâté développe toujours un caractère capricieux.

Donc, si nous avons le cœur sur la main ou, simplement, si nous avons un penchant à être trop permissifs, même si c'est par amour, nous pourrons admettre néanmoins que nous ne devrions pas trop les gâter.

Nous pouvons aimer énormément nos enfants tout en les aimant plus ou moins bien. Pour mieux les éduquer et surtout pour mieux les aimer, il faut parfois savoir leur dire non.

Il n'est pas toujours évident de savoir consolider notre bonté et notre tâche d'éducateur. Cela implique d'être justes et bons avec nos enfants, tout en les éduquant du mieux que nous le pouvons, c'est-à-dire en leur inculquant des valeurs fondamentales et une discipline qu'ils ne pourront connaître si nous faisons tout à leur place et si nous n'appliquons pas fermement certaines restrictions. Nous devons accorder autant d'importance à être bons avec eux qu'à bien les éduquer, même si nous risquons occasionnellement de les décevoir. Car, au bout du compte, nous les aidons.

Bien éduquer nos enfants est l'expression d'un amour intelligent.

Attention, parents trop bons! Cela ne donne pas des enfants comme nous sommes portés à l'imaginer. Cela ne donne pas, non plus, des relations comme nous sommes en droit de l'espérer. Habituellement, cela ne forme pas un bon caractère chez les enfants.

Malgré tout, il ne sert à rien de nous sentir attaqués ou coupables, **surtout si nous pensions bien faire.** Apprenons plutôt à parfaire notre rôle de parent et à mieux comprendre la vie, afin d'être plus heureux. Et nos enfants s'en porteront mieux.

Il existe une nuance extraordinaire entre agir en parent trop bon et agir en bon parent. Jetons-y un dernier coup d'œil.

Je suis plutôt un bon parent

Il me plaît de le rappeler, c'est tout un art d'être parent!

L'enfant vient au monde sans mode d'emploi. Alors, chaque parent crée son propre livre dans sa tête. Dans un couple, cela fait deux modes d'emploi sous un même toit, habituellement différents l'un de l'autre. Parfois, les méthodes de la mère s'entrechoquent avec celles du père, et vice versa. De même, la méthode de l'un peut nuire à celle de l'autre.

Or, nos modes d'emploi sont souvent incomplets, car ils ne prévoient pas toujours l'arrivée d'enfants qui ont des caractères différents, qui nécessitent une approche particulière. Lorsque c'est le cas, nous retournons à nos livres pour y chercher des solutions, mais elles ne s'y trouvent pas. À ce moment, nous nous tournons vers cette phrase populaire: «Tous les enfants sont pareils et même si certains d'entre eux sont plus difficiles que d'autres, il s'agit de les aimer très fort.»

Mais comment?

En fait, il n'y a pas deux enfants qui soient identiques. Chaque enfant a son propre bagage génétique qui le prédispose à se différencier des autres, dès sa naissance. De plus, les familles sont différentes. À cela s'ajoute le fait que chaque enfant entretient des relations différentes avec ses parents à l'intérieur d'une même famille.

Donc, il est faux de croire que tous les enfants sont pareils et qu'il est possible de nous en occuper de la même façon.

De surcroît, il n'y a pas deux parents identiques, car chacun a son propre caractère et son propre vécu.

De sorte que, pour être un bon parent, il faut accepter de s'ajuster à chaque enfant et à chaque événement. Il n'existe pas vraiment de truc miracle qui soit infaillible. Par contre, il existe des règles générales qu'il est préférable de suivre.

La première règle est: la présence d'un enfant nécessite la présence d'un parent. À en juger par les remarques des parents, il est d'ailleurs hautement avantageux d'être deux pour s'occuper de lui. À moins, bien sûr, que les deux parents soient constamment en guerre l'un contre l'autre. Mais, seul ou à deux, il faut s'en occuper sérieusement.

La seconde règle est: il faut observer l'enfant pour vérifier l'efficacité de nos méthodes. Les résultats parlent d'eux-mêmes. Ça va bien, ne nous cassons pas la tête. Ça va mal, une cloche doit résonner quelque part. Il faut alors ajuster la méthode, l'approche, la façon de parler, certaines attitudes, le genre d'interventions, etc. Peu importe, il faut faire quelque chose. Si nous ne savons plus quoi faire, allons chercher des conseils ou de l'aide. C'est la spécialité du Centre pour enfants téflons du Québec et de bien d'autres organismes pour parents. Il existe aussi de nombreuses lectures qui ne sont pas à négliger et qui peuvent s'avérer très précieuses.

Normalement, plus nous attendons pour changer notre façon de faire, plus cela risque de devenir pénible. Car, en prenant de l'âge, l'enfant peut renforcer ses mauvaises habitudes. Particulièrement arrivé à l'adolescence où les problèmes peuvent s'accentuer et où de nouveaux problèmes peuvent surgir de façon inattendue.

Nous venons de voir deux règles de base. Il y en a d'autres et nous les verrons en temps et lieu. Mais, peu importe les règles qui nous dictent la façon d'éduquer nos enfants, il existe un fait incontournable: pour leur bonheur et pour le nôtre, nous n'avons pas d'autres choix que de développer l'art d'être de bons parents.

Il ne faut surtout pas nous décourager. Au contraire! Plusieurs problèmes s'estompent comme par magie lorsque nous ne changeons qu'un seul élément de notre approche. Et des changements, nous vous en proposerons plusieurs.

Portons une attention particulière à l'idée suivante. Plusieurs intervenants qui travaillent auprès des parents en difficulté constatent que le rôle de parent ou d'éducateur est souvent très dévalorisant.

En effet, si ça va mal, les parents se sentent responsables et en souffrent. C'est dommage, car nous agissons souvent de notre mieux, surtout pour ceux et celles qui prennent la peine de lire ou d'aller chercher de l'aide. La majorité des gens ne méritent pas de vivre cette dépréciation. En général, ce qui nous manque, c'est une meilleure connaissance des approches plus efficaces. Mais il n'en reste pas moins que nous faisons de notre mieux, en fonction de notre savoir et de nos émotions qui peuvent nous rendent la tâche plus pénible.

Ne perdons pas de vue la valeur de notre travail, car se dévouer entièrement à nos enfants pour leur garantir le meilleur avenir possible, c'est une noble tâche. Même si elle est commune, parce qu'elle n'a rien de neuf et qu'elle est pratiquée par des millions de gens, elle est tout à fait extraordinaire. Il ne s'agit pas d'une tâche que l'on exécute durant une courte période de temps, mais plutôt d'une dévotion quasi totale qui s'échelonne sur plus d'un quart de siècle. Seule une infime quantité d'individus arrive à exercer cette responsabilité aisément. Que nous soyons parfaits ou non, être parent vaut une mine d'or. Il ne faut pas l'oublier. Exécuter cette tâche correctement s'acquiert avec du temps et de l'information.

Heureusement, il émane de ces petits trésors une beauté et des joies qui aplanissent nos difficultés. Mais pour que ces petits chéris ne se transforment pas en cauchemars, il est primordial pour nous d'acquérir certaines habiletés. L'une d'elles, et non la moindre, est de savoir leur dire non.

L'éducation est un facteur très important pour le bonheur de l'enfant, puisqu'il apprend à vivre, à respecter et à construire de bonnes relations. Il est dommage de risquer de sacrifier tout cela par peur de déplaire occasionnellement à l'enfant ou parce que nous avons de la difficulté à maintenir notre autorité.

La valeur d'un parent n'est pas déterminée par les cadeaux qu'il donne à son enfant ou par la très grande liberté qu'il lui accorde. Elle est établie d'après les résultats qu'il obtient avec son enfant, à court et à long termes.

Être un bon parent, c'est être bon avec son enfant aux bons moments. C'est donc un parent conscient de la valeur de l'éducation. C'est aussi un parent qui, au prix de quelques instants moins agréables où l'autorité doit se manifester, voit au respect de certaines règles fondamentales et de tous les membres de la famille, et refuse de se faire mener par les caprices de son enfant. Bref, c'est un parent qui éduque.

En somme, un bon parent ne perd jamais de vue le bonheur de toute sa famille, même durant les moments plus difficiles.

Un parent trop bon a tendance à ne pas penser aux conséquences. Sans vouloir faire du mal à son enfant, il pense surtout aux plaisirs immédiats. Malheureusement, cela se fait au détriment de sa bonne éducation.

Mieux vaut agir en bon parent plutôt qu'en parent trop bon.

Le non au secours du bonheur de la famille

Depuis le début, nous avons apporté plusieurs raisons qui mettent en évidence l'importance de savoir dire non. Nous pourrions écrire plusieurs livres sur les bienfaits d'une telle attitude. Pour l'instant, nous avons fait un tour d'horizon suffisant pour nous permettre d'en saisir la valeur.

Puisque le but de cet ouvrage consiste davantage à communiquer des solutions, terminons avec ces quelques lignes qui nous aideront à bien fixer dans notre esprit les avantages d'une approche éducative ni trop autoritaire ni trop permissive.

LA PUISSANCE POSITIVE DU NON

Lorsque le non est bien utilisé, il:

- est un outil essentiel pour permettre l'application d'une autorité qui ne soit pas abusive comme celle qui prévalait autrefois et qui prévaut encore aujourd'hui;

- est un outil essentiel pour permettre l'application d'une autorité qui soit efficace, non pas par la crainte qu'elle suscite chez les enfants mais par le respect qu'elle leur inculque;

- est nécessaire pour que les enfants découvrent qu'ils ont leur part à faire à la maison comme ailleurs;

- s'avère fondamental pour que les enfants découvrent rapidement la valeur des gens et des choses;

- aide à construire une relation parent-enfant qui soit équitable, où personne n'est perdant;

- permet aux enfants de connaître clairement nos limites pour mieux les respecter;

- fait découvrir aux enfants la valeur de ce que font leurs parents pour eux, afin de mieux l'apprécier;

- enseigne aux enfants la valeur du oui, afin qu'ils l'apprécient mieux;

- génère une meilleure expression de l'amour;

- forge un caractère sain chez les enfants;

- sert à renforcer de bons comportements et une discipline saine, pour le bonheur de toute la famille.

Voilà de quoi faire rêver les parents. Maintenant, voyons comment utiliser le non.

DEUXIÈME PARTIE

Comment dire non?

Plus l'être humain sera intelligent,
moins il acceptera de mauvaises conditions,
même celles que le temps transporte
par tradition. Autant il aura besoin d'air
pour son corps, autant il aura besoin
d'explications pour son esprit.

CHAPITRE 5

J'explique pourquoi je dis non

Pourquoi dois-je expliquer?

Il est important de dire non, mais il est primordial de **savoir** dire non. Une grande partie de ce savoir est directement reliée aux explications qui sont fournies à l'enfant. Celles-ci peuvent justifier nos interventions en plus d'instruire l'enfant.

Les explications permettent à l'enfant de mieux comprendre les vraies raisons pour lesquelles les parents disent non. Ainsi, il peut accepter beaucoup plus facilement leur autorité. En effet, grâce à des explications valables, il comprend rapidement que ses parents interviennent en fonction de raisons précises et logiques, basées sur des valeurs sensées et humaines.

Alors, le non prend une signification crédible et acceptable, au lieu d'être perçu uniquement comme une restriction injuste imposée sans raison apparente par les parents.

Par ailleurs, les explications aident l'enfant dans son développement, puisqu'il peut cheminer à travers notre raisonnement pour y réfléchir vraiment et en retirer des leçons. Elles lui confèrent une meilleure vision des conséquences (telles que les chicanes, les accidents, les difficultés, etc.) qu'il risque de subir s'il ne porte pas attention à nos consignes.

Par exemple, un père dit à son jeune enfant, appelé Philippe: «Ne traverse jamais la rue sans regarder», mais sans lui expliquer pourquoi.

Dans ce cas-ci, Philippe risque de ne pas comprendre immédiatement les dangers de la rue. Si, par contre, son père prend le temps de lui en expliquer les raisons, Philippe les comprendra beaucoup plus rapidement. Il sera plus conscient des risques et il agira davantage en en tenant compte. Son apprentissage de la vie sera alors beaucoup plus rapide.

Par cet exemple banal, nous voyons déjà l'importance de donner de bonnes explications à nos enfants.

D'une part, elles jouent un rôle capital dans l'application d'une bonne autorité, en permettant à l'enfant de l'accepter plus facilement. D'autre part, elles sont d'excellentes occasions pour parfaire son éducation et son développement personnel.

Nous allons bientôt détailler le type d'explications que nous pouvons donner aux enfants. Mais, auparavant, il importe de vraiment comprendre toute la place que nous devrions accorder aux explications dans l'éducation. À cet effet, voyons les sept types de problèmes qui peuvent survenir si nous exerçons une autorité auprès d'un enfant sans lui donner d'explications en retour. Ce sont les mêmes problèmes que nous rencontrons régulièrement dans les familles, les garderies, les écoles et dans la rue.

1. L'enfant risque de ne pas comprendre les raisons pour lesquelles il devrait obéir aux consignes.

En ne lui donnant pas suffisamment d'explications, il est probable que l'enfant ne comprenne pas les dangers et les problèmes auxquels il pourrait faire face s'il contrevenait aux consignes.

Ainsi, si nous reprenons l'exemple précédent, puisqu'il ne comprend pas pourquoi il devrait regarder la rue avant de la traverser, Philippe pourrait se faire de fausses idées concernant ce qui s'y passe. «Je suis plus rapide que les voitures», pourrait-il penser. Parce que le père ne lui a pas expliqué que les voitures sont beaucoup plus rapides que lui et qu'elles peuvent lui faire très mal, Philippe court nécessairement plus de risques de ne pas considérer sérieusement cette consigne.

2.   L'enfant peut être tenté d'outrepasser nos interdictions en notre absence.

Encore une fois, puisqu'il ne saisit pas toute l'importance de nos consignes, l'enfant peut avoir l'impression qu'elles ne sont pas importantes. Cela pourrait l'inciter à nous obéir uniquement lorsque nous sommes présents, pour ne pas se faire réprimander, mais à nous désobéir en notre absence. C'est le cas de plusieurs enfants.

De plus, à force de se faire interdire des choses, sans explications, il peut aisément penser que ses parents cherchent uniquement à le contrôler. Alors, une fois de plus, il ne verrait pas pourquoi il ne désobéirait pas aux consignes lorsque l'occasion se présente.

Ainsi, en l'absence de ses parents et surtout en l'absence de bonnes raisons, Philippe pourrait être tenté de traverser la rue sans regarder.

3.   L'enfant risque d'accumuler inutilement des sentiments de frustration, de rejet et de médiocrité.

Puisqu'il ne comprend pas exactement pourquoi nous lui imposons certaines règles de conduite, il y a de fortes possibilités, avec le temps, qu'il trouve cela injuste et qu'il développe une mauvaise estime de soi.

Le fait que ses parents ne veuillent pas discuter des raisons avec lui, l'enfant peut s'imaginer toutes sortes d'idées: «On m'empêche toujours de faire ce que je veux et on ne me dit jamais pourquoi»; «Ils ne prennent pas le temps de me parler»; «Ils pensent que je suis incapable de comprendre»; «Ils ne me font pas confiance»; «Ils ne pensent qu'à eux et ils ne s'occupent pas de moi»; «Est-ce que j'en vaux la peine?»

Il peut donc développer de mauvais sentiments à son égard tels que de la frustration et de la médiocrité.

Dans le cas de Philippe, à force de se faire interdire des choses, sans en discuter et sans avoir de raisons claires et précises, il peut devenir très irritable et frustré. Il est déjà difficile pour lui de ne pas pouvoir faire à sa guise. Cela l'est davantage sans les bonnes raisons qui pourraient le motiver à agir autrement et qui, de plus, pourraient lui faire voir que ses parents agissent ainsi pour son bien.

4. L'enfant peut se rebeller contre l'autorité.

Sans explications, il risque de développer des sentiments amers face à l'autorité et d'y résister. Il peut la percevoir uniquement comme un symbole de pouvoir exercé contre lui, simplement parce qu'elle n'est pas justifiée par de bonnes raisons.

Avec l'âge, il se formera une force de caractère qui lui permettra de défier de plus en plus ouvertement et fortement cette autorité. Il peut aussi développer une haine contre tout ce qui la représente: l'école, la police, l'employeur, etc.

Philippe pourrait même détester ses parents. Car, au lieu de penser qu'il a reçu une bonne éducation, il risquerait d'être submergé par l'impression qu'il l'a plutôt subie.

5. L'enfant risque d'être restreint sur le plan de son émancipation personnelle et de son développement intellectuel.

En ne fournissant pas de bonnes explications, les parents ne lui communiquent pas leurs points de vue face aux événements. Donc, ils ne lui permettent pas de bénéficier au maximum de leur expérience.

Pourtant, les interventions auprès de l'enfant sont d'excellents moments pour le faire. S'il passe à côté de ces occasions, il lui faudra plus de temps pour comprendre les rouages de la vie, pour avoir suffisamment d'informations pour bien réfléchir, ou pour développer un meilleur sens de la critique, de l'objectivité et de la logique. Ainsi, on ne lui permet pas de développer rapidement tout son potentiel intellectuel et d'atteindre une certaine maturité ou autonomie.

Dans le cas de Philippe, son père pourrait lui raconter des histoires à propos des accidents de la route qui, malheureusement, sont des cas vécus par plusieurs enfants. Par exemple, il pourrait lui rappeler que beaucoup d'enfants meurent ou sont handicapés pour le reste de leur vie, à cause de leur inattention au moment de traverser la route (environ 140 piétons meurent chaque année sur les routes du Québec). Ou encore, l'informer des difficultés de la vie, cloué à un fauteuil roulant. Non seulement ces informations seraient un plus pour Philippe au niveau de sa réflexion, mais elles pourraient aussi le motiver à faire attention aux actes qu'il fera à l'avenir.

6. L'enfant risque d'acquérir un mauvais modèle de communication.

Lorsque les parents donnent peu d'explications, ils ne donnent pas le bon exemple en matière de communication. L'enfant n'apprend pas à dialoguer. Il peut alors difficilement connaître ce merveilleux outil pour l'utiliser. En revanche, il y a de fortes chances qu'il communique mal avec ses parents et qu'il rencontre des difficultés tout au long de sa vie sur ce plan.

7. L'enfant peut lui aussi dire non sans se justifier.

L'enfant qui a suffisamment de force de caractère peut également décider de faire comme ses parents en ne justifiant pas ce qu'il fait ni ce qu'il dit. Alors, il dira «non», un point c'est tout! À ce moment, le non devient un outil qui peut servir à défier notre autorité. De plus, il s'installe un rapport de force où la personne la plus têtue l'emporte, que ce soit sensé ou non. Dès lors, la relation s'envenime et devient nuisible pour tous.

Pour ce qui est de Philippe, puisque son père lui dit «non» sans explications, il pourrait très bien décider de faire pareil et de lui rétorquer: «Non, je ne regarderai pas avant de traverser la rue.» Et faire de même pour chaque occasion qui se présente.

Aucun parent ne désire être confronté à ce genre de problèmes.

Il est important de comprendre que nos interventions sont d'excellents moments pour fournir des explications à nos enfants, que nous pouvons tourner à l'avantage de tous. C'est à ces moments que nous passons les messages que l'enfant retiendra le plus, sauf s'il n'est pas dans un bon état pour écouter.

Par exemple, Annie, une jeune fille de sept ans, a l'habitude de freiner avec ses espadrilles lorsqu'elle fait de la bicyclette, les usant ainsi trop rapidement. Pour une troisième fois en un même été, elle demande à sa mère de lui en acheter une autre paire. Celle-ci, voyant que sa petite Annie ne fait pas attention à ses espadrilles, décide de profiter de cette requête pour intervenir et passer un message. D'abord, elle lui dit «non». Puis, elle lui explique immédiatement pourquoi: «Cela fait déjà plusieurs fois que je te dis de faire attention à tes espadrilles. Ils coûtent cher et tu ne t'en soucies guère. Alors, tant que tu agiras ainsi, je ne t'en achèterai plus. De cette façon, je ne jetterai plus mon argent aux poubelles.» Trois jours plus tard, Annie réitère sa demande en expliquant à sa mère qu'elle fera attention à l'avenir. Tout heureuse de constater qu'Annie a compris, sa mère lui en achète une autre paire, le jour même.

C'est un exemple parmi tant d'autres où, lors de nos interventions, nous pouvons saisir l'occasion d'éduquer nos enfants. Cette fois-ci, il s'agissait d'amener Annie à respecter ses choses en lui faisant voir qu'elle doit en prendre soin si elle veut en bénéficier. Du même coup, il s'agissait aussi de l'amener à mieux respecter sa mère qui doit travailler pour payer ce qu'elle lui offre si gentiment. Sans ces explications, rien de cela n'aurait été possible.

Voici une liste de quinze bienfaits et avantages qui peuvent émaner d'une approche explicative, lorsque nous exerçons notre autorité auprès des enfants.

1. L'enfant comprend mieux les raisons qui justifient les interventions et les consignes.

2. L'enfant respecte plus facilement les consignes, même en l'absence du parent ou d'une autre autorité.

3. L'enfant court moins de risques d'être rebelle face à l'autorité.

4. Le parent est mieux compris.

5. L'enfant peut avoir une plus haute estime de ses parents.

6. La communication entre le parent et l'enfant devient plus constructive et plus éducative.

7. Une bonne relation, claire et transparente, entre le parent et l'enfant peut s'établir beaucoup plus aisément.

8. L'enfant accepte plus facilement d'établir une complicité avec ses parents, au lieu d'être indifférent.

9. L'enfant peut accepter plus aisément les valeurs de la famille et de la société.

10. L'enfant peut mieux comprendre ce que cela lui rapporte de suivre les consignes de ses parents.

11. L'enfant acquiert un meilleur modèle de communication qui lui permet de mieux échanger ses sentiments et ses pensées.

12. L'enfant vit moins de frustrations.

13. L'enfant se sent mieux aimé.

14. L'enfant jouit d'une plus grande confiance en soi et en ses parents.

15. L'enfant bénéficie d'un milieu familial qui le prédispose à mieux se développer sur les plans intellectuel et émotionnel.

Voilà plusieurs bonnes raisons pour donner des explications à nos enfants, mais il en existe encore bien davantage.

Il est difficile d'évaluer tous les bienfaits que peut apporter ce type d'éducation à nos enfants, puisqu'il leur permettra de bénéficier non seulement de tous ces avantages, durant toute leur vie, mais aussi de tout ce qui en découlera. L'ampleur de ces bienfaits n'est donc pas mesurable, mais est certainement grandiose.

Même si les explications jouent un rôle primordial en éducation, elles ne peuvent cependant pas tout régler. Voici deux mises en garde à ce sujet.

1. Expliquer ne suffit pas toujours, il faut aussi agir! Il est toujours bon de fournir des explications, mais il ne s'agit pas de ne rien faire d'autre.

Par exemple, si un enfant fouille dans une armoire qui lui est interdite, il faut surtout agir en l'éloignant de cet endroit. Puis, nous pouvons lui rappeler pourquoi. Il ne faut jamais se contenter de lui expliquer. Les explications sont un plus, mais elles ne forment pas une approche complète en soi.

2. Il n'est pas bon de répéter sans cesse les mêmes explications. Au sixième chapitre, intitulé «Il a compris pourquoi, je cesse de répéter», nous verrons comment éviter ce piège dans lequel de nombreux parents tombent facilement: celui d'avoir continuellement besoin d'expliquer les mêmes choses à leur enfant.

Malgré ces quelques risques, il n'en demeure pas moins qu'il est hautement avantageux de fournir de bonnes explications à nos enfants. Elles nous aident à exercer une meilleure autorité, à augmenter notre efficacité et, surtout, à donner une meilleure éducation.

Dois-je expliquer si mon enfant a moins de deux ans?

Une des premières erreurs commises par les nouveaux parents est de penser que leur enfant est trop jeune pour comprendre. Évidemment, en bas âge, l'enfant n'est pas structuré pour tout comprendre, particulièrement lorsqu'il ne dispose pas encore d'un vocabulaire suffisamment élaboré. Mais, bien souvent, il comprend beaucoup plus qu'il peut nous sembler, même s'il est âgé de moins de deux ans.

Pour pouvoir commencer à parler, les enfants doivent comprendre, de prime abord, une multitude de concepts. Faire l'apprentissage d'une première langue n'est pas une mince tâche: c'est un défi très complexe. Pourtant, ils en sont capables. Avant même de pouvoir maîtriser un minimum de mots pratiques, ils ont déjà saisi plusieurs idées. En effet, à deux ans, ils ont analysé et compris une grande partie des messages que nous leur communiquons.

Il en est de même pour l'apprentissage de la marche. Pour nous qui sommes habitués de marcher tous les jours, cela peut nous sembler un geste très banal. Mais, en observant attentivement nos enfants, nous découvrons qu'il n'en est rien. Pensons à tout ce qu'ils ont besoin de faire pour exécuter quelques pas. D'abord, ils doivent voir les avantages de la marche, pour être motivés de passer du «quatre roues motrices au deux roues motrices», à moins qu'ils n'aient tout simplement le goût d'imiter les gens qui marchent autour d'eux. Ensuite, il leur faut parvenir à développer leur équilibre, afin de pouvoir rester debout. Et ce n'est que le début. Pour marcher, il est impératif également qu'ils s'élancent vers l'avant, en penchant légèrement le corps, mais pas trop, pour ne pas tomber. En même temps, ils doivent avancer une jambe, pas les deux! Une seule. Puis, rapidement, avancer l'autre jambe. Ce n'est pas facile à comprendre ni à faire. La marche est un équilibre dans un déséquilibre constant. C'est très complexe. Elle demande tout un travail cérébral: le synchronisme doit être aiguisé, des millions de neurones doivent y travailler.

Il n'y a pas que le langage et la marche, puisque les enfants apprennent rapidement à manger, à boire, à saisir des objets, à décoder les messages non verbaux des parents, et ainsi de suite.

Pour arriver à faire tout cela, ils ont l'obligation de comprendre une quantité phénoménale de choses.

Nous devons donc faire attention de ne jamais sous-estimer les enfants.

Plusieurs parents nous racontent que leurs enfants sont trop jeunes pour comprendre telle ou telle explication. C'est souvent faux. Il ne faut pas confondre ce qu'il font et ce que nous voulons qu'ils comprennent.

Par exemple, une mère veut que son enfant de onze mois cesse de crier. Elle le lui explique correctement. Malgré les efforts de sa mère, le marmot continue de crier. Ceci ne veut absolument pas dire qu'il ne comprend pas ce que sa mère lui demande.

Fréquemment, les petits enfants comprennent assez bien ce que nous leur demandons, même lorsqu'ils sont encore bébés, dans la mesure où les messages sont simples et courts. S'ils font la sourde oreille et n'obéissent pas, c'est souvent pour d'autres raisons qui n'ont rien à voir avec leur capacité de comprendre ce que nous leur demandons. Pour être capables de défier, pour jouer la comédie, ou simplement pour nous tenir tête, les enfants ont une très bonne capacité de comprendre ce qui se passe.

Bien sûr, cette compréhension ne tourne pas toujours à notre avantage. Mais sachons qu'ils sont très intelligents. C'est pourquoi, même avant l'âge de deux ans, il est important de leur donner des explications. Ne pensons surtout pas qu'ils ne peuvent pas les comprendre. Cependant, nous devons toujours leur parler avec des mots qu'ils peuvent saisir.

Leur grande aptitude à comprendre n'est pas la seule raison qui fait que nous devrions commencer à leur donner des explications dès leur jeune âge. Il en existe une autre.

C'est à cet âge qu'ils se développent le plus. Il est reconnu, en psychologie, que, de zéro à cinq ans, ils vivent les moments de leur apprentissage les plus déterminants pour leur avenir. Leur émancipation et leur développement intellectuel dépendent presque entièrement de l'apprentissage qu'ils font à ce moment.

Plus les jeunes enfants ont des contacts avec des adultes capables d'articuler clairement leurs pensées, meilleur cela est pour eux. Nos fréquentes interventions auprès d'eux sont importantes pour leur apprentissage.

Plusieurs spécialistes estiment que c'est avant l'âge de cinq ans que tout se joue, parce que c'est à cet âge que l'enfant acquiert la plupart de ces modèles de pensées. Il est donc primordial de bien pourvoir à leur éducation dès leur naissance.

Voilà pourquoi nous devons considérer comme très bon de fournir des explications à nos bébés.

Restons tout de même conscient qu'un bébé est un bébé. Il ne peut pas tout comprendre. Autant nous ne devons pas penser qu'il ne peut rien comprendre, autant nous devons nous rappeler qu'il ne peut tout comprendre ce que nous lui disons. Alors, s'il nous désobéit, ce n'est pas nécessairement parce qu'il a compris notre message et qu'il se moque de nous. Il arrive également qu'il ne nous comprenne pas.

Néanmoins, agissons avec nos tout-petits comme s'ils pouvaient comprendre. Donnons-leur la chance de s'instruire. Fournissons-leur des explications simples, dans un langage qu'ils peuvent comprendre ou, du moins, qu'il leur est possible d'apprendre dans un court laps de temps. De cette façon, même s'ils ne saisissent pas immédiatement tout le sens de nos propos, ceux-ci seront quand même très utiles à leur apprentissage.

Pour ce qui est de l'obéissance, les explications jouent un rôle secondaire. C'est l'autorité qui devrait primer avant toute chose.

D'ailleurs, avez-vous déjà remarqué avec quelle rapidité ils comprennent le sens du mot «non»? Sans doute! C'est donc dire que nous pouvons exercer notre autorité très rapidement.

Il importe que les enfants prennent au sérieux notre «non», pour s'y soumettre. Sans quoi, ils nous désobéiraient.

Une des meilleures façons d'exercer notre autorité, afin d'être pris au sérieux par les enfants de cet âge, consiste à dire non avec un ingénieux mélange de douceur et de fermeté.

Habituellement, les gens exercent leur autorité avec des punitions et, parfois, de façon sévère et dure. Ou bien, ils ne l'exercent pas du tout, en laissant faire l'enfant. Il est préférable de toujours exercer notre autorité, tout en employant la douceur. En effet, l'autorité n'exclut nullement la douceur. Par contre, pour que la douceur fonctionne, il faut savoir agir aussi avec fermeté. Ce qui ne veut pas dire d'agir avec dureté, mais plutôt avec constance et ténacité.

Avec de la fermeté, l'enfant nous prend au sérieux. Car, avec le temps, il voit bien que cela ne lui sert à rien d'essayer de nous désobéir, nous intervenons chaque fois.

La douceur, quant à elle, a l'avantage de nous permettre de conserver une relation plaisante avec l'enfant, tout en continuant d'appliquer notre autorité chaque fois que cela s'avère nécessaire.

En général, les explications jouent un rôle primordial dans l'éducation des enfants. Mais ce sont avant tout les interventions directes comme le toucher (toujours en douceur), le regard, une diversion ou une courte interdiction verbale qui demeurent néanmoins plus efficaces auprès des très jeunes enfants.

Même à cet âge, toutefois, ne sous-estimons pas l'importance des explications. Après tout, c'est à ce moment que nous préparons le terrain pour toute notre relation à venir.

Les raisons les moins acceptées par les enfants

Plus l'enfant exprime son intelligence, plus il a besoin de raisons intelligentes pour justifier un changement de comportement. L'éduquer, c'est l'amener à accepter ces raisons intelligentes.

L'intelligence chez les enfants ne leur permet pas de différencier instantanément ce qui est juste de ce qui ne l'est pas. Pour cela, ils doivent expérimenter la vie sur une plus longue période de temps. Cependant, elle leur permet de voir clairement et de comprendre plus rapidement ce qui cloche et ce qui fait du sens dans les discours qu'ils entendent et dans les événements qu'ils voient.

Le phénomène est identique chez les adultes. Plus nous sommes intelligents, plus nous voyons les incohérences, les erreurs qui se manifestent autour de nous (par exemple, les mauvaises excuses).

L'intelligence permet aux gens de vouloir dépasser et même de changer les règles du jeu, lorsqu'elles ne sont pas ou ne semblent pas raisonnables.

Plus nous sommes intelligents, plus nous agissons en fonction d'une certaine raison. C'est pourquoi, plus nous avons de bonnes raisons de changer, plus nous sommes motivés à le faire.

Par exemple, une petite fille, Mélanie, dit à son père qui marche auprès d'elle sur le trottoir: «Pourquoi jettes-tu ta gomme à mâcher par terre?» Son père lui dit aussitôt: «Je ne vois pas pourquoi je ferais autrement, j'ai toujours fait ainsi.» Mélanie réplique sans aucune hésitation: «Aimes-tu les animaux?» Lentement et d'un ton suspicieux, son père lui répond: «Oui.» Alors, Mélanie lui dit promptement: «Parce que les oiseaux essaient de manger les gommes par terre, mais ils s'étouffent avec elles.» Son père lui répond alors qu'il allait y réfléchir.

Dans cet exemple, Mélanie a donné une bonne raison à son père. Si elle ne lui avait donné aucune raison valable ou si elle lui avait dit: «Ça ne se fait pas», est-ce que son père aurait accepté aussi facilement le commentaire de sa fille? Il nous est permis d'en douter.

Adulte ou enfant, il nous est toujours plus facile d'accepter de changer, d'obéir à des ordres ou d'écouter des conseils si nous avons de bonnes explications. Plus nous sommes intelligents, plus les explications qui peuvent nous motiver doivent l'être, elles aussi. Sinon, ce n'est pas recevable.

Voici un exemple.

Une personne qui nous connaît bien nous demande de changer notre coupe de cheveux, de changer d'amis, de rentrer à une heure précise, de travailler plus fort, de ne pas manger ceci ou cela, de nous coucher plus tôt, de ne pas regarder ceci ou cela, etc. En retour, la personne en question ne nous donne pas de raisons satisfaisantes de lui obéir. Comment réagirons-nous? Probablement que nous ne l'écouterons pas longtemps. Nous lui proposerons peut-être d'aller plutôt prendre de l'air ou de se reposer.

Pourtant, comme cette personne, nous tenons régulière-ment ce genre de propos à nos enfants sans leur fournir de bonnes raisons en retour. Du moins, c'était presque la seule façon de procéder par le passé. Mais c'est encore une approche très actuelle. Aujourd'hui, nous donnons heureusement beau-coup plus d'explications à nos enfants. Par contre, les explica-tions populaires qui prévalent sont loin de satisfaire leur intelli-gence, ce qui ne peut les motiver à nous obéir et causer ainsi beaucoup de résistance de leur part. En effet, les explications populaires – qui sont souvent dépourvues de logique – n'ont pas d'effets positifs sur eux. Comme les enfants ne peuvent les ac-cepter et parce qu'aujourd'hui ils expriment leurs opinions plus librement, ils s'objectent alors beaucoup plus fortement qu'au-trefois aux demandes des adultes et à leur autorité.

Lors de rencontres avec des parents et des professionnels de l'éducation, nous sommes souvent à l'écoute du genre d'ex-plications qui sont fournies aux enfants. Elles sont fréquemment inadéquates pour les enfants d'aujourd'hui qui sont de plus en plus perspicaces dans leur jugement et qui se sentent de moins en moins coupables d'argumenter.

Mais attention! Cette situation ne signifie pas pour autant que les adultes ont tort chaque fois qu'un enfant proteste. Loin de là!

Ce n'est pas parce que nous n'avons pas toujours de bonnes explications à leur donner que nous avons automatiquement tort d'intervenir.

Bien entendu, il arrive que certaines personnes demandent des choses inacceptables aux enfants. Mais c'est le cas d'une minorité. Généralement, nous avons d'excellentes raisons d'intervenir auprès d'eux. Cependant, nous ne sommes pas habitués à leur expliquer nos raisons de manière à ce qu'ils les acceptent assez facilement. Autrement dit, nous éprouvons de la difficulté à leur donner des explications valables et logiques en fonction d'eux. C'est une question d'argumentation et de tactique.

Pour nous aider à bien argumenter, afin que notre enfant accepte notre autorité, il faut tout d'abord que nos raisons soient acceptables à leurs yeux. Commençons immédiatement à explorer ce terrain.

Voici un aperçu des différents types d'explications populaires qui sont de moins en moins acceptées par les enfants d'aujourd'hui et que nous devrions essayer d'éviter.

• Parce que ce n'est pas beau.

• Parce que ce n'est pas fin.

• Parce que ce n'est pas gentil.

Remarque: Si l'enfant ne se sent pas coupable, ces arguments ne le toucheront pas. Nous perdons alors notre temps avec ce type d'explications.

• Parce que ça ne se fait pas.

• Parce que ça ne se dit pas.

Remarque: Ces arguments n'expliquent pas le fondement de notre raison, c'est-à-dire pourquoi ça ne se fait pas ou pourquoi ça ne se dit pas. De plus, aux yeux de plusieurs enfants, ça se fait et ça se dit, car ils le font et le disent.

• Pour qui te prends-tu?

- Tu te prends pour un autre.

- Tu ne pourrais pas faire comme tout le monde!

- Nous ne faisions pas cela dans notre temps et je ne vois pas pourquoi ce serait différent aujourd'hui.

   Remarque: Pour l'enfant, ce ne sont pas des raisons valables. Car ce qu'il fait et ce que les autres font, ce sont deux choses différentes.

- Parce que cela m'inquiète.

- Si tu nous aimais, tu ferais ce que nous te demandons.

- Par amour pour... ou pour l'amour de...

- C'est parce que nous t'aimons que...

- C'est pour ton bien que...

   Remarque: L'enfant peut réellement aimer ses parents, sans pour autant répondre à toutes leurs exigences. Pour lui, c'est encore deux choses différentes. De plus, il ne voit toujours pas pourquoi il changerait, à l'exception du fait qu'il dérange ses proches. Face à ces arguments, plusieurs enfants se disent que c'est aux parents de changer, en ne s'inquiétant pas davantage, par exemple. Et pour ce qui est de son bien-être («C'est pour ton bien si...»), il est habituellement très difficile d'accepter qu'une autre personne puisse savoir mieux que nous ce qui est bien pour nous-même. Surtout si nous ne lui avons pas demandé son opinion. Ce type de raisons est alors peu recevable.

- Plus tard, tu comprendras.

- Parce qu'il faut que tu prépares ton avenir.

- Pour obtenir un diplôme.

   Remarque: Il ne faut pas oublier qu'un enfant est un enfant. Par conséquent, seuls l'immédiat et le court terme l'intéressent. Donc, plus l'enfant est jeune, moins ces raisons ont une valeur tangible pour lui.

- Parce que c'est «épouvantable»!

- Parce que tu es «toujours» en retard.

- Parce que tu ne fais «jamais rien de bon».

- Parce que tu fais «toujours exprès».

Remarque: Les explications qui comportent des accusations ou des exagérations, souvent très émotives, déclenchent des mécanismes de défense chez l'enfant. Alors, il devient très difficile de bien communiquer avec lui et d'arriver à des ententes concluantes.

Bien d'autres explications ne font pas l'affaire auprès d'une majorité grandissante de jeunes. Elles ressemblent à celles que nous venons de citer. Nous devons les éliminer autant que possible de notre discours; c'est une question d'efficacité parentale.

Les meilleures raisons à donner à mon enfant

Du plus en plus, les jeunes exigent de bonnes raisons pour vivre en fonction des principes et du mode de vie proposés par les adultes. Tradition ou non, pour eux, la question repose plutôt sur une bonne compréhension et sur le bien-fondé de chaque obligation familiale ou sociale proposée. Il est de moins en moins évident qu'on puisse dicter à nos enfants quelles attitudes et quelles voies ils doivent prendre, parce que nous sommes leurs parents ou qu'il s'agit d'une tradition.

Ce sont les arguments logiques qui comptent maintenant. Si nous ne sommes pas habitués d'en fournir, nous devons faire quelques efforts pour y parvenir.

Toutefois, si nous ne trouvons jamais de raisons qui soient logiques pour l'enfant, même après maintes réflexions, il est possible que nous ayons à remettre en question nos exigences. Car, après tout, pour chaque consigne, il devrait y avoir un raisonnement logique qui la justifie et lui donne une signification sensée.

Notons qu'il ne s'agit pas de donner uniquement des raisons intellectuelles à nos enfants. Les raisons affectives, qui font référence au plaisir, à la joie, au bonheur ou au sentiment, peuvent être de très bonnes raisons logiques. Nous employons le terme logique dans le sens de «cohérent». Et ce peut être parfaitement cohérent d'invoquer des principes de bonheur dans nos explications, dans la mesure où cela a autant de sens pour l'enfant que pour nous.

Sur le plan de l'éducation, cette aptitude à pouvoir donner des explications acceptables par l'enfant s'avère un atout bénéfique.

Les meilleures raisons à donner à nos enfants sont habituellement celles qui:

• sont basés sur une certaine logique;

• sont cohérentes;

• reposent sur les faits et les conséquences;

• rapportent quelque chose à l'enfant.

C'est d'ailleurs le même genre de raisons que la plupart des adultes exigent. Personne n'accepterait facilement de changer de comportement sans avoir de raisons logiques, cohérentes, basées sur des faits concrets, et sans que ce changement nous rapporte quelque chose à quelque niveau que ce soit.

Pourquoi en serait-il autrement pour les enfants?

Voyons maintenant en détail ces raisons.

À ce moment précis, nous sommes au cœur même de l'art de savoir dire non aux enfants.

Voici les onze conditions pour que nos explications soient plus acceptables pour la majorité des enfants d'aujourd'hui.

1.   L'explication doit être donnée dans un langage que l'enfant peut comprendre.

Cela veut dire que les mots et les idées exprimées ne sont pas trop complexes, en fonction de l'âge de l'enfant.

2. L'explication doit être claire et directe, donc, si possible, sans détour et sans sous-entendus.

Nous avons beaucoup plus de chances que l'enfant reçoive parfaitement notre message, sans ambiguïté et sans interprétation. Par ailleurs, les messages directs atteignent plus efficacement leur cible, sauf si le détour est très astucieux.

De trop grands détours créent des perturbations dans la communication; l'enfant peut vivre de l'impatience et manquer d'écoute. En effet, pendant que nous tournons autour du pot, il peut prendre le temps de préparer ses défenses au lieu de nous écouter; il peut avoir l'impression que le parent n'est pas vif d'esprit ou qu'il a peur de dire les choses comme elles sont (ce qui lui confère une position de supériorité psychologique qui peut entraîner un manque de respect). En faisant trop de détours, nous risquons aussi de nous enliser dans plusieurs discussions à la fois et de nous éloigner du sujet de départ.

Quant aux sous-entendus, ils sont dangereux car ils piquent inutilement l'enfant. Ce dernier peut alors réagir fortement, ce qui provoque un climat de «défense-attaque» dans lequel la discussion peut se dégrader. De plus, il n'est pas évident que l'enfant va comprendre clairement nos sous-entendus, ce qui peut semer la confusion.

3. L'explication doit traiter des faits et des gestes, sans exagération et sans suppositions non fondées.

Les faits sont toujours plus facilement acceptables que les suppositions.

4. L'explication doit lui faire voir les avantages qu'il aurait à changer.

Il est beaucoup plus facile pour quiconque d'accepter un changement s'il voit clairement ce qu'il pourrait en retirer, soit au niveau affectif (sentiment, bonheur, etc.), soit au niveau pratique (acquis matériel, privilège, etc.).

Sur le plan pédagogique, il s'agit de trouver ce qui rapporterait à l'enfant de nous obéir. Mais ce doit être quelque chose qui «lui» rapporterait, et non pas seulement à nous ou à ses proches. Pour cela, il faut lui faire voir les effets positifs, directs ou indirects, qu'il retirerait du changement.

5. L'explication doit être axée sur les actions que fait l'enfant, et leurs conséquences.

Lorsque nous faisons voir à l'enfant les conséquences de ses actes, nous empruntons le chemin le plus instructif et le plus intelligent qui soit. Il doit les connaître.

Par exemple, Alexandre, un enfant de dix ans, casse souvent les vitres de la maison en jouant avec son ballon. Il devrait savoir que, s'il en casse une autre, il défrayera les coûts des réparations, en plus de devoir les faire lui-même, tout en étant sous la supervision d'un adulte lors de ce travail.

À propos, il y a une nuance importante à saisir lorsque nous disons que nous devrions donner des explications à l'enfant concernant certaines conséquences. Il ne s'agit pas d'expliquer à l'enfant celles que «nous» lui ferions subir s'il ne nous obéissait pas.

Par exemple, un parent dit à son enfant: «Si tu ne cesses pas de faire crier ta petite sœur, je vais t'enfermer dans ta chambre.» Ici, la chambre est une punition que le parent veut lui faire subir. Ce n'est pas une conséquence créée directement par le comportement de l'enfant.

Nous ne devons pas parler de ce genre de punitions-conséquences que nous pourrions lui imposer, mais plutôt des conditions dans lesquelles l'enfant se place lui-même. Dans l'exemple précédent, ces conditions créées par l'enfant sont les chicanes successives avec sa sœur et les problèmes familiaux qui en découlent, et non la chambre. Il faut lui faire voir à quel point il ne passe pas de bons moments lorsqu'il se comporte ainsi.

Ça, ce sont les vraies conséquences que nous devrions lui faire voir *a priori*, plutôt que de simplement faire miroiter la punition qu'il pourrait recevoir.

Si nous reprenons l'exemple d'Alexandre et des vitres cassées, le fait qu'il doive réparer les dégâts n'est pas une punition, contrairement à ce que nous pourrions penser, mais une conséquence logique reliée directement à l'événement. Une vitre est cassée, une personne doit la réparer. Pourquoi pas lui, au lieu de l'envoyer en punition dans sa chambre?

6. L'explication doit être valable pour tous ceux et celles qui vivent une même situation.

Une mère dit à sa fille: «Veux-tu cesser de crier lorsque tu t'adresses à ton frère.» Puis, quelques minutes plus tard, cette mère se met à crier après son garçon. Aux aguets, sa fille lui dit: «Pourquoi n'ai-je pas le droit de crier, alors que tu cries toi-même?» Sa mère lui réplique: «Moi, ce n'est pas pareil, je suis votre mère.»

Ou encore, un enfant ne veut jamais aller jouer dehors. Son père lui dit: «Ce serait bon pour ta santé d'y aller.» L'enfant rétorque: «Pourquoi vous, les parents, ne jouez-vous jamais dehors si c'est bon pour la santé?» Le père répond: «Toi, tu es un enfant et nous, nous sommes des adultes. Et nous avons fini de grandir.»

Dans le premier exemple, la mère dit qu'il ne faut pas crier, alors qu'elle le fait elle-même. Donc, la règle s'applique pour sa fille mais pas pour elle, bien qu'il s'agisse d'une situation identique.

Quant au père, dans le second exemple, le scénario se répète. Il dit à son enfant qu'il devrait aller jouer dehors pour une question de santé alors que, pour lui-même, il dit que ce n'est pas pareil.

Tout ceci n'est pas très logique, n'est-ce pas? Les explications fournies par ces parents changent sans raison. Il y a donc deux poids deux mesures, ce qui est injuste et incohérent. L'enfant peut difficilement accepter nos explications et notre autorité dans de pareils cas.

Pour une même situation, il importe que les explications et les règles soient valables pour tous.

Il est donc important d'en tenir compte et de respecter nos propres consignes. Faisons attention de ne pas invoquer de fausses excuses.

Ce n'est pas dramatique d'avouer à notre enfant qu'il a raison. Bien au contraire! Il l'appréciera et cela aura pour effet de consolider les liens qui nous unissent à lui.

Lorsque nous ne donnons pas l'exemple, nous pouvons toujours récupérer la situation en lui expliquant que nous devrions tous faire attention de ne pas crier ou que nous devrions tous aller jouer dehors. De cette façon, nos explications demeurent parfaites en soi, car elles s'appliquent à tout le monde. Par la suite, nous n'avons plus qu'à essayer de vivre en fonction d'elles, selon nos capacités.

Cependant, il peut arriver que deux situations différentes semblent similaires pour l'enfant.

Par exemple, la mère pourrait avoir besoin de crier pour se faire entendre par son garçon qui serait à l'autre bout de la maison. Voyant sa mère crier, la jeune fille pourrait y voir une contradiction: «Je n'ai pas le droit de crier, mais ma mère peut le faire...»

Ainsi, ne voyant pas la différence entre ces deux situations, l'enfant pourrait y voir une injustice et vivre de la frustration inutilement. Pour éviter ces conflits et conserver notre crédibilité, il importe de lui fournir une explication plus complète.

Si l'enfant ne voit pas la différence, la mère devrait lui expliquer: «Il y a une nuance entre crier lorsque la personne est à côté de nous et crier pour qu'elle nous entende lorsqu'elle est trop éloignée. Tu comprends?»

De même, dans l'autre exemple, si les parents ne jouent pas dehors parce qu'ils n'en ont pas le temps, c'est cette raison que le père devrait donner à son enfant.

Grâce à ces explications différentes et justificatives, nous éviterons bien des malentendus. L'enfant les comprendra et les acceptera beaucoup plus facilement.

Le fait que nous soyons des parents ou des adultes ne justifient pas que nous contrevenions à nos propres règles et explications.

7. L'explication ne doit pas exprimer uniquement un problème émotif vécu par une personne autre que l'enfant.

Cela veut dire que nous ne devrions pas, autant que possible, poser des interdictions à notre enfant uniquement parce que ses gestes nous affectent sur le plan émotif. Par exemple, ce serait le cas d'une mère qui refuserait à son enfant, qui veut apprendre une autre langue, de participer à une immersion dans un autre pays, à cause de l'inquiétude qu'elle vivrait s'il partait à l'étranger. Dans cet exemple, il s'agit précisément d'une décision prise à cause des émotions vécues par une personne autre que l'enfant. L'inquiétude d'une mère est une raison difficile à accepter pour l'enfant.

Par contre, s'il y a un véritable danger, il faut le lui faire voir, et non pas uniquement évoquer nos émotions de peur ou d'inquiétude. Plusieurs personnes communiquent seulement cet aspect émotif à leur enfant, en invoquant leurs difficultés émotionnelles à accepter ce qu'il fait ou souhaite faire. Ceci ne veut pas dire que les émotions n'ont pas leur place et que nous ne devrions jamais les communiquer. Loin de là! Mais ces raisons sont souvent insuffisantes et ne peuvent pas, à elles seules, faire changer le comportement de nos enfants.

Il faut donc expliquer les raisons qui se cachent derrière nos inquiétudes, nos peurs ou nos peines. Ce peut être un danger, un grand risque, une constatation claire que quelque chose ne va pas du tout chez l'enfant, etc. Discutons de ces dangers et des pièges qui le guettent, plutôt que de mettre l'accent sur la réaction qu'ils entraînent dans notre esprit. Normalement, l'enfant en prendra meilleure note. Il faut essayer!

8. L'explication ne doit pas être uniquement fondée sur des principes traditionnels moraux.

Non pas que ces principes ne trouvent plus leur place dans notre société actuelle, mais plutôt que, comme argument et explication, ils sont habituellement inefficaces pour négocier avec les jeunes. Encore une fois, il est préférable d'expliquer les raisons qui se cachent derrière ces bons vieux principes. Si nous les invoquons, c'est probablement parce qu'ils ont de bonnes raisons d'exister. Il faut donc expliquer ces raisons et non pas seulement en dicter la morale.

Par exemple, Jean, un garçon de huit ans, a commis ses premiers vols. Sa raison de voler: il peut se procurer rapidement ce qu'il désire. Dans son esprit, il n'est point dérangé par le facteur amoral de ses petits vols. Tant qu'on ne le surprendra pas, tout ira bien! Mais ce ne sera pas le cas pour bien longtemps. En effet, ses parents ont rapidement découvert son nouveau petit jeu. Après de longues leçons de morale où plusieurs principes ont été invoqués, Jean continue malgré tout de commettre des vols. Découragés, ses parents décident de s'y prendre autrement, étant donné que la morale ne sert à rien dans son cas. Ils prennent alors la décision de fermer à clef et de cadenasser tout ce qu'ils peuvent dans la maison: les portes de chambre, les armoires, la salle de jeux, le cabanon où est rangée la bicyclette, etc. Évidemment, la situation devient complètement ridicule car, désormais, rien n'est facilement accessible. Après quelques heures, Jean ose demander à sa mère pourquoi tout est verrouillé. Sa mère lui explique aussitôt: «tout cela sert à nous protéger des voleurs. Il est très difficile de faire confiance à un voleur. Nous ne savons jamais quand il va nous prendre ce qui nous appartient. Alors, personne ne peut lui faire confiance. Il ne peut plus être notre ami. Il faut se protéger contre lui. C'est très dommage, car un voleur perd toujours ses amis. Partout où il y a des voleurs, il faut prendre des précautions qui sont terriblement désagréables pour tout le monde, même si ce voleur est notre enfant.»

Ici, nous retrouvons plusieurs raisons logiques et humaines pour aider à dissuader les apprentis voleurs. En expliquant que les voleurs n'ont pas de véritables amis et qu'un monde de voleurs est terrible, l'enfant voit ainsi certaines conséquences du vol. L'explication des conséquences transmet également toute la valeur des grands principes moraux, mais sans avoir besoin de faire cette morale qui n'affecte nullement les enfants parce qu'ils sont trop habitués de se la faire répéter.

9.   L'explication ne doit pas être justifiée uniquement par les habitudes du passé.

Tellement d'erreurs ont été commises dans le passé. Il y a tellement eu de guerres, d'orgueil, de domination sur les peuples et dans les familles. Nombre d'enfants ont été battus et exploités. Comment pouvons-nous justifier nos actes, bons ou mauvais, parce qu'ils viennent du passé ou parce qu'ils sont fondés sur des habitudes? Le fait qu'il s'agisse d'une routine n'est pas un gage de bonne raison. À preuve, tout le monde connaît l'expression «avoir de mauvaises habitudes». Ainsi, polluer est une mauvaise manie qui n'est pas intelligente en soi. L'habitude ne donne pas raison ou tort. Elle peut être bonne ou mauvaise.

Plus l'enfant est intelligent, moins il se contente de ce genre d'explication qui tente de justifier un mode de vie uniquement par le fait que c'est une question d'habitude.

Que nos exigences soient bonnes ou mauvaises, qu'elles existent depuis longtemps ou non, posons-nous les questions suivantes: sont-elles justes? pourquoi? Nous aurons alors des réponses à donner à notre enfant.

Évidemment, plusieurs bonnes habitudes proviennent du passé. Lorsque c'est le cas, expliquons à nos enfants leurs valeurs et leurs bienfaits. Expliquons-leur pourquoi elles devraient continuer à être appliquées, encore aujourd'hui.

10. L'explication ne doit pas être en contradiction avec une explication précédente.

Sinon, nous perdons beaucoup de crédibilité face à nos enfants, qui risquent de ne plus nous croire.

11. L'explication ne doit pas culpabiliser l'enfant.

La culpabilité peut refréner l'émancipation d'une personne. Elle est très difficile à faire disparaître de notre âme, même après de nombreuses années. La culpabilité crée une perception négative de notre personne. Elle engendre la haine envers soi-même et autrui. Elle instaure un manque de confiance en soi et un manque d'amour-propre.

Pourtant, la culpabilité est encore très utilisée pour contrôler les enfants. Cela fonctionne assez bien, quoique beaucoup moins qu'auparavant. Même lorsqu'elle ne donne pas de bons résultats, les gens y recourent par habitude, parce qu'ils ne savent pas faire autrement pour éduquer leurs enfants. D'un point de vue pédagogique, la culpabilité est une pratique qui permet de «dompter» les enfants, en faisant en sorte qu'ils se sentent mal lorsqu'ils commettent des erreurs.

Il n'est pas nécessaire d'avoir recours à la culpabilité pour être efficace auprès des jeunes. De bonnes explications logiques – surtout celles qui permettent aux enfants d'être plus conscients – font très bien l'affaire. Les enfants n'ont pas besoin de se sentir «tout croches» pour voir leurs erreurs et pour avoir du cœur. Responsabiliser les enfants, en leur faisant prendre conscience des conséquences de leurs actes, est un très bon moyen pour remplacer la culpabilité.

En respectant le plus possible ces onze conditions, nos explications seront beaucoup plus acceptables par nos enfants.

Il est certain que, dans le feu de l'action, nous n'aurons pas toujours ce livre à la main pour vérifier si tout colle à merveille avec les différentes recommandations. Mais plus nous axerons nos explications vers le genre qui est proposé dans cet ouvrage, plus nous aurons de chances d'obtenir du succès.

Ne voyons surtout pas ces conditions comme une tâche supplémentaire. Au contraire, elles peuvent enfin être les solutions que nous recherchons depuis longtemps. Et lorsque nous ne saurons plus quoi dire, il sera alors temps d'y jeter un nouveau coup d'œil. Ces conditions sont une référence qui nous indique les règles à suivre, qui facilitera notre vie de parent et qui nous aidera à éduquer nos enfants, en maximisant notre efficacité sur le plan de la communication.

Nous pouvons dire non à un enfant, certes, mais il mérite aussi de bonnes explications.

Afin d'avoir une vue d'ensemble de ces onze conditions, nous vous proposons, à la page suivante, un tableau pratique et concis appelé grille *Vérifiex*. Celle-ci est un résumé des différentes conditions servant à nous guider dans l'élaboration d'une bonne explication.

La grille Vérifiex (pour «vérification des explications») est un outil qui permet de vérifier la qualité et la pertinence d'une explication que nous aimerions donner à notre enfant, pour qu'il accepte plus facilement notre message.

À l'intérieur de cette grille, nous retrouvons onze questions importantes qui correspondent aux onze conditions que nous venons de voir. Nous devons nous poser chacune de ces questions. Nos réponses doivent correspondre à celles écrites à la droite de la grille. Plus nous obtenons de réponses identiques, meilleure est notre explication. Mais lorsque nos réponses ne correspondent pas à celles de la grille, il est préférable de modifier notre explication jusqu'à ce qu'elle ait plus de succès. De cette manière, nous nous assurons de fournir à notre enfant des explications qui seront beaucoup plus crédibles.

Cependant, il peut arriver qu'une explication soit très bonne même si elle ne respecte pas toutes ces conditions. Mais elle n'est jamais bonne si elle n'en respecte aucune.

La grille Vérifiex nous fait travailler un peu, mais elle apporte également de nombreuses solutions qui simplifieront notre vie. Utilisons-la!

GRILLE VÉRIFIEX	
1. L'explication est-elle donnée dans un langage que l'enfant peut comprendre?	OUI
2. L'explication est-elle claire et directe, sans détour et sans sous-entendus?	OUI
3. Est-ce que l'explication traite des faits et des gestes, sans exagération et sans suppositions non fondées?	OUI
4. Est-ce que l'explication lui fait voir ce que cela lui rapporterait de changer, immédiatement ou à court terme?	OUI
5. L'explication est-elle axée sur les actions que fait l'enfant, et leurs conséquences?	OUI
6. L'explication est-elle valable pour tous ceux et celles qui vivent le même événement?	OUI
7. Est-ce que l'explication exprime surtout un problème émotif vécu par une personne autre que l'enfant?	NON
8. L'explication est-elle fondée uniquement sur des principes traditionnels et moraux?	NON
9. L'explication est-elle justifiée uniquement par les habitudes du passé?	NON
10. Est-ce que l'explication entre en contradiction avec une explication précédente?	NON
11. L'explication culpabilise-t-elle l'enfant?	NON

Une façon simple de vérifier si l'enfant a bien compris

Fréquemment, les enfants interprètent mal les messages des adultes, ne les écoutent pas attentivement ou ne sont pas d'accord avec eux. Lorsque c'est le cas, nos explications comme nos interventions sont inutiles. Pour éviter cette situation, il est important de vérifier si l'enfant a compris ce que nous venons de lui dire.

En pédagogie, une des pires attitudes consiste à tenir pour acquis que l'enfant a compris parfaitement ce que nous lui avons dit, sans vérifier.

C'est pourquoi, à l'école, il y a régulièrement des examens à passer, qui permettent de vérifier la compréhension des enfants.

N'ayons pas de crainte. En tant que parent, nous n'avons pas à faire passer d'examens à nos enfants. Mais le principe est le même: il ne faut pas penser qu'ils ont tout compris, sans vérifier. Surtout lorsqu'il s'agit d'une explication nouvelle, complexe ou importante.

Cette vérification ne signifie pas que l'enfant n'est pas capable de tout comprendre; elle a plutôt pour but de s'assurer qu'il a bien écouté et qu'il n'interprète pas nos propos.

Voici comment faire pour vérifier si notre enfant saisit parfaitement bien nos messages. Il s'agit d'une méthode fort simple, que nous pouvons utiliser chaque fois que bon nous semble.

Après avoir donné des explications à notre enfant, il faut lui demander de nous expliquer – en ses propres mots – ce que nous venons de lui dire. Ce peut être un court résumé, une explication similaire à la nôtre ou, simplement, nous dire ce qu'il en pense.

Lors de cet exercice, portons attention à ce que l'enfant ne répète pas béatement nos mots, tout en ayant l'esprit ailleurs.

Certains enfants ont un talent fou pour nous donner l'impression qu'ils ont écouté. En leur demandant de nous redire ce que nous venons juste de leur communiquer, nous pouvons savoir ce qui en est réellement.

Si l'enfant n'est pas capable de nous expliquer ce que nous venons juste de lui dire, c'est qu'il n'a pas bien compris. Ou il n'écoutait pas, ou encore les explications n'étaient pas assez claires pour lui.

Si l'enfant répète mot à mot notre explication et n'est pas capable de le faire en ses propres mots, c'est qu'il n'a pas bien saisi, encore une fois. Ici, il peut sembler comprendre; il faut alors lui poser des questions qui nous permettront de mieux saisir son niveau de compréhension. S'il n'est pas capable de discuter un tout petit peu en ses propres mots, cela indique qu'il ne comprend pas bien.

Par contre, si l'enfant nous explique correctement notre message en ses mots, nous pouvons être certains qu'il a parfaitement bien compris.

Cette vérification est simple et rapide, car elle s'insère à n'importe quel moment dans une discussion.

C'est un peu comme une personne qui, cherchant une montagne, en pleine nuit, pousse un cri pour en vérifier la proximité. S'il y a de l'écho, la montagne est là.

En fait, avec cette méthode de vérification, nous demandons à l'enfant de nous donner un écho. Grâce à cet écho, nous pouvons obtenir certains renseignements utiles: sa compréhension exacte, ce qu'il en pense, sa position par rapport au message, l'impact du message, etc. Il s'agit d'une technique de communication très efficace.

Nous pouvons également employer cette méthode dans les deux sens. Ainsi, lorsque que notre enfant nous explique certaines choses, nous pouvons, nous aussi, donner une explication à ces propos pour nous assurer que nous avons bien compris.

Par exemple, une petite fille dit à son papa: «J'ai mal au cœur, ça brûle ici.» Pour vérifier sa compréhension, son père lui demande: «Veux-tu me dire que tu as envie de régurgiter?» «Non, ça chauffe ici», lui dit-elle en pointant l'endroit sur son corps avec son petit doigt. Son père lui demande à nouveau: «Est-ce que ça chauffe en dedans ou sur la peau?» Elle répond: «En dedans.»

En vérifiant constamment si ce qu'il reçoit comme message est réellement ce qu'elle veut dire, le père comprend exactement le problème de sa fille. L'enfant a mangé trop de chocolat et souffre de brûlements d'estomac. Ce qui n'a rien à voir avec les maux de cœur. Grâce à l'«écho» de son père, la petite fille est parfaitement comprise.

Que les explications proviennent de l'enfant ou du parent, ce dernier peut continuellement s'assurer que tout le monde se comprend bien. Et cela porte toujours fruit.

Est-ce que l'enfant a bien reçu le même message que nous lui avons transmis? Est-ce que nous avons bien reçu le message qu'il nous a communiqué? Il faut vérifier.

Voici d'autres exemples de questions qui servent à vérifier la compréhension de l'enfant.

«Qu'en penses-tu?», «Peux-tu m'expliquer ce que je viens de te dire?», «Es-tu en train de me dire que...?», «Tu me dis que...», est-ce bien cela?»

Mais il faut faire attention de ne pas abuser de telles questions. Cela peut finir par agacer l'enfant et nuire à la communication. Réservons ce truc pour les moments un peu plus importants ou pour clarifier certaines situations ambiguës.

CHAPITRE 6

Il a compris pourquoi, je cesse de répéter

Il est normal que l'enfant insiste

Nous avons beau appliquer les meilleures méthodes d'éducation qui soient, il est normal que les enfants récidivent à l'occasion.

Savoir dire non augmente grandement l'efficacité de nos interventions et nous permet ainsi de maximiser les bons résultats: obéissance, respect, instruction, collaboration, émancipation, etc. Mais un enfant reste un enfant. Ne l'oublions jamais!

Il existe sans doute des enfants parfaitement obéissants ou beaucoup plus dociles que d'autres. Oui, mais il est préférable de ne pas s'attendre à toujours obtenir une obéissance exemplaire. Ainsi, nous vivrons moins de déceptions. Nous devons être réalistes: les enfants sont des êtres humains et ils ont tout à apprendre.

Avec de mauvaises méthodes d'éducation, nous risquons le pire. Avec de bonnes interventions, nous privilégions un meilleur encadrement familial. Cependant, il faut s'attendre à devoir y puiser continuellement un peu d'énergie, car les enfants bougent continuellement. Ils sont très actifs, ils déplacent de l'air autour de nous et ils nous en font voir de toutes les couleurs.

Nous devons donc nous faire à l'idée que, malgré une bonne autorité, les enfants oublieront parfois nos consignes, nos explications et nos interdictions. Ils tenteront de faire à leur tête de temps à autre, puisque c'est leur façon de vérifier si les interdictions tiennent toujours.

Bien que ce soit normal que les enfants persistent occasionnellement à désobéir, il faut nous aussi persister à leur indiquer les limites.

Cesser de répéter pour que l'enfant comprenne

Nous venons de voir que les enfants ont une tendance naturelle à récidiver. Habituellement, il faut leur donner un peu de temps pour qu'ils soient vraiment disciplinés. Mais leur donner du temps ne veut pas dire les laisser faire.

Notre efficacité en tant que parent est grandement déterminée par la continuité de nos interventions. Si, un jour, nous interdisons à notre enfant tel comportement et qu'un autre jour, nous ne le lui interdisons plus, il ne changera jamais. Du moins, pas grâce à nous. Il est donc très important d'intervenir chaque fois qu'un problème refait surface (à moins d'avoir de bonnes raisons de ne pas le faire).

Par ailleurs, nous avons besoin d'une certaine dose de souplesse et de patience avec les enfants. En effet, ces deux qualités nous prédisposent à une plus grande sagesse et à un meilleur contrôle de nos moyens, ce qui nous permet de mieux réagir aux situations.

Mais souplesse et patience ne sont pas synonymes d'inconstance dans l'exercice de notre autorité. Elles signifient plutôt contrôle et calme. Cela ne nous empêche nullement de persévérer auprès de l'enfant, c'est-à-dire d'agir avec fermeté et ténacité.

Malheureusement, pour plusieurs parents, la ténacité est une lutte constante où ils doivent répéter sans cesse parce que les enfants n'obéissent qu'au prix de nombreux efforts, les pertes de temps et l'exaspération étant leur fardeau quotidien. Parfois – et même fréquemment –, ces efforts s'avèrent totalement inutiles.

Comment faire pour ne pas tomber dans ce piège et obtenir des résultats positifs?

Tout d'abord, nous devons faire une différence entre répéter sans cesse certaines explications (ou consignes) et les rappeler.

Lorsque nous répétons trop souvent les explications, elles finissent par ne plus avoir d'impact auprès des enfants. Avec le temps, elles ne donnent plus aucun résultat. En fait, les explications sont comme une bonne pièce musicale qui, trop souvent jouée, finit par ne plus être écoutée.

Mais ceci n'est pas l'unique raison pour laquelle nous devrions faire attention de ne pas répéter continuellement les mêmes discours. Il y a notre autorité qui risque aussi de s'affaiblir rapidement.

En effet, les parents qui répètent beaucoup ont généralement la parole facile, à défaut d'avoir autant de facilité pour agir. L'enfant le remarque; il sait qu'il se fera répéter le même discours, mais il y est habitué et cela ne le dérange pas trop. D'ici à ce que le parent réagisse plus fermement, il peut donc continuer à désobéir. Or, il sait également que ses parents peuvent se décourager, abandonner la partie et, finalement, le laisser faire. Ça vaut le coup!

Pour être écouté, dans tous les sens du mot, il n'est pas conseillé de répéter trop souvent les mêmes choses à l'enfant.

Il faut, au contraire, les rappeler seulement de temps en temps, à des moments opportuns. Autrement dit, il faut savoir ne pas en abuser!

Quant à l'autorité, elle peut s'exprimer par les mots, mais aussi par des actions. Pour savoir dire non, il faut trouver l'équilibre entre les deux.

Au début, l'enfant peut réellement oublier ce que nous lui avons expliqué. Il peut même oublier nos consignes. Il faut alors les lui rappeler.

Mais, en tout temps, si nous désirons qu'il nous écoute, il faut faire attention de ne pas parler inutilement.

Par exemple, soir après soir, Julien, un enfant de six ans, résiste lorsqu'il est temps d'aller se coucher. Sa maman lui explique, soir après soir, la même chose: «Lorsque tu te couches trop tard, tu es fatigué et bougon le lendemain. Tu sais très bien qu'en te couchant plus tôt, tu passeras une meilleure journée.»

Ici, la maman donne une bonne explication. Mais en lui répétant quotidiennement, l'explication perd de sa valeur. Elle devient comme un sermon connu par cœur de l'enfant. Son message est usé et il ne passe plus. Il n'y accorde plus d'attention. Alors, chaque soir, il continuera de tenter d'allonger ses heures d'éveil.

Puisque la maman a donné une bonne explication à Julien, qui la comprend parfaitement sans changer son comportement, la maman devrait cesser de la lui répéter. Cela ne sert plus à rien. Il lui faut agir autrement.

Elle pourrait aussi changer d'explication mais, surtout, elle devrait faire comprendre à Julien qu'il n'a pas le choix d'aller se coucher, tout en l'amenant dans sa chambre. C'est terminé les explications! Elle lui a déjà tout dit plusieurs fois! De plus, elle pourrait lui expliquer qu'il sait parfaitement pourquoi il en est ainsi et que tout son manège ne sert à rien.

Occasionnellement, la mère de Julien pourrait lui rappeler, en quelques mots, la ou les raisons pour lesquelles il doit se coucher plus tôt. Mais ce n'est pas ce qu'elle fait lorsqu'elle lui répète sans cesse ses explications. Et ce n'est pas bon sur le plan pédagogique.

Pour ne pas tomber dans ce piège et pour se faire obéir, il faut parfois agir avec plus de fermeté. L'enfant doit avoir moins de latitude, lors de ces situations. Il faut forcer un peu la note, en passant «plus tôt» à l'action, au lieu d'expliquer encore et encore.

L'enfant est dynamique, actif. Dans les tourbillons qu'il provoque, les mots sont parfois futiles et ne suffisent pas à le dissuader et à corriger la situation. Il faut apprendre, nous aussi, à être plus dynamique.

Nos sages paroles doivent toucher nos enfants. Elles doivent servir à instruire et à contrer l'oubli, sans plus! Ensuite, pour faire respecter ce qui est important, il y a l'autorité.

Malgré cette rigueur que le parent doit acquérir et exercer au-delà des discours, rappelons-nous que la douceur reste de mise. Il n'est pas nécessaire de recourir à des méthodes brusques. Il s'agit simplement d'être déterminé.

CHAPITRE 7

Maintenant, lorsque je dis non, il me prend au sérieux

Comment dire non et être convaincant

Savoir comment dire non aux enfants signifie que nous tenons compte de deux volets de l'éducation.

Jusqu'à maintenant, nous avons ouvert le premier volet. Il faisait ressortir les explications que nous devons donner aux jeunes, leur importance et celles qui fonctionnent le mieux auprès d'eux. Nous faisions surtout référence à notre communication sur le plan verbal. Il s'agissait de savoir **quoi dire** aux enfants.

Ici, nous ouvrons le second volet, qui nous permettra de faire la lumière sur les interventions: celles qui fonctionnent le mieux et l'importance de bien intervenir. Il est temps de mettre l'accent sur notre communication non verbale. Il s'agit donc de savoir **comment intervenir** auprès des enfants.

Nous avons décrit toute l'importance de fournir de bonnes explications aux enfants, afin de leur donner une instruction digne et d'obtenir de bons résultats avec eux. Mais il arrive que le fait de donner ces explications ne suffise plus. Il faut aussi savoir comment les donner et comment agir.

À l'Université de Montréal, dans un cours en communication, il y est enseigné que la manière de communiquer est plus importante que les mots eux-mêmes. En effet, certains estiment la valeur de la communication non verbale à 75 %, c'est-à-dire que la manière de communiquer compte trois fois plus que les mots eux-mêmes.

Par exemple, un parent peut dire exactement les bons mots à son enfant, en lui donnant une bonne explication, mais s'il le fait en criant à tue-tête, les résultats escomptés par le parent ne sont vraiment pas garantis.

Pour que nos interventions auprès des enfants portent fruit, voyons les différents aspects qu'il est préférable de respecter. Ils lèvent le voile sur une grande partie de l'art de dire non.

Après avoir lu ces recommandations, nous pouvons penser qu'il y a trop de choses à changer dans notre façon d'agir. Mais ne perdons pas de vue qu'elles sont décrites justement pour améliorer notre vie auprès de nos enfants. Au bout du compte, lorsque nous respectons ces recommandations, elles nous rendent la vie beaucoup plus facile, car elles nous permettent d'obtenir de meilleurs résultats.

Par conséquent, afin que nos interventions soient plus efficaces, nous devons respecter autant que possible les recommandations suivantes.

1.   L'enfant doit être présent d'esprit pour nous écouter.

La présence du corps de l'enfant n'assure en rien sa présence d'esprit. L'expression populaire qui dit qu'un message entre par une oreille et sort par l'autre le prouve parfaitement bien.

Bien entendu, l'enfant peut nous écouter réellement et continuer d'en faire à sa tête. Il s'agit là d'un autre problème.

Ce dont nous parlons ici, c'est d'une attitude qui prend de l'ampleur chez les jeunes: celle de se débrancher de nos discours pour ne pas les entendre. Ainsi, nous parlons plus ou moins dans le vide lorsque nous nous adressons à eux parce que, même s'ils nous entendent, ils ne nous écoutent pas vraiment.

Lorsque c'est le cas, notre message ne passe pas. L'enfant n'accuse pas réception. Il est distrait, ailleurs. Il ne veut pas écouter nos remarques, parce qu'il sait que nous lui demanderons d'apporter certains changements de comportement de sa part. Alors, quoi de mieux que de se débrancher et de ne rien entendre?

Il ne sert à rien de lui parler lorsque nous n'obtenons pas toute son attention.

Il est assez fréquent que des intervenants ou des parents tentent d'expliquer des idées importantes aux enfants, lorsqu'ils sont en état de crise ou qu'il vivent des situations conflictuelles. Il faut savoir que ces moments intenses, empreints de fortes émotions et de peurs, sont habituellement non propices à l'écoute.

Par exemple, un enfant vient tout juste d'éviter un grave accident, en passant imprudemment devant une voiture. Pour ne pas le frapper, le conducteur a dû freiner sec, le crissement des pneus laissant échapper un bruit d'enfer qui quadrupla le stress et la terreur chez le petit. Le père, témoin de l'incident et s'imaginant le pire qui aurait pu arriver, est pris d'une soudaine colère et accroche sèchement son enfant par le bras pour lui crier: «On ne traverse jamais la rue sans regarder. Ce n'est pas la première fois que je te le dis. Vas-tu finir par comprendre?»

Dans une situation de choc, il n'est pas évident que l'enfant puisse écouter quoi que ce soit. Au lieu d'une leçon, un bon réconfort aurait été le bienvenu. L'idéal est d'attendre que la tempête soit passée avant de lui parler, surtout s'il s'agit d'explications compliquées ou subtiles qui exigent un plus grand effort de concentration de la part de l'enfant.

Dans une situation de conflit (colère, chicane, bataille, etc.), l'enfant n'est pas plus disposé à nous écouter. Il est en réaction. Alors, au lieu d'ouvrir grand ses oreilles, il va plutôt chercher à se défendre et à avoir raison. À ce moment, les discussions portent rarement fruit, à moins que nous ne soyons extrêmement habiles.

En tout temps, avant d'expliquer quoi que ce soit aux enfants, il importe de toujours s'assurer qu'ils sont prêts à nous écouter. Sinon, c'est peine perdue... ou presque. Pour ce faire, nous devons porter attention à leur attitude lorsque nous leur parlons.

Premièrement, nous devons être en mesure de détecter si l'enfant est attentif à nos propos. A-t-il un regard fuyant? Est-il dans la lune? Cherche-t-il à faire dévier la discussion en parlant d'autre chose?

Deuxièmement, nous devons observer les réactions de l'enfant. Souhaite-t-il uniquement se défendre, se protéger ou ne pas perdre la face? Écoute-t-il ce que nous lui disons ou est-il trop occupé à avoir raison? S'accroche-t-il sur quelques mots de notre discours, qui ne sont pas vraiment importants, en omettant d'écouter le reste?

Ces observations nous aideront à détecter si l'enfant est en mesure de nous écouter[*].

Il existe plusieurs ruses pour capter l'attention de l'enfant. Ce peut être par l'humour, procédé qui a l'avantage d'instaurer un bon climat de communication. Une autre façon, sans doute l'une des plus efficaces, consiste à surprendre l'enfant par des propos ou des comportements inhabituels. Une approche différente avec l'enfant, voire inattendue, qui lui fera ouvrir grands ses yeux et ses oreilles.

Par exemple, s'il a l'habitude de se faire parler sur un ton élevé, nous pouvons lui parler soudainement, avec une voix très douce. Une communication différente amène une

---

[*]   Nous pouvons également nous assurer de sa présence d'esprit et, par le fait même, de son écoute, en employant la méthode conseillée à la fin du chapitre 5, sous le titre: «Une façon simple de vérifier s'il a bien compris», à la page 93.

écoute différente. Bref, il est essentiel d'avoir l'attention de l'enfant.

2. Je dois donner l'exemple, ou du moins de bonnes raisons qui peuvent justifier mon attitude.

En éducation, il y a une évidence: un modèle vivant vaut mille explications. Ainsi, plus nous donnons le bon exemple à nos enfants, plus nos arguments ont de la valeur à leurs yeux. Un adulte qui applique dans sa vie de tous les jours ce qu'il enseigne, a nécessairement plus de crédibilité. C'est bien normal. Il est difficile pour un enfant d'accepter nos conseils si nous ne faisons pas nous-mêmes ce que nous leur demandons de faire.

Mais nous ne sommes pas toujours parfaits et nos petites faiblesses de tous les jours ne nous empêchent pas de vouloir donner une bonne éducation à nos rejetons. Alors, comment faire pour qu'ils nous écoutent malgré tout?

Pour que nous soyons pris au sérieux, il est primordial d'adopter une attitude très honnête, afin de dire les choses comme elles sont, sans orgueil et sans fausse excuse.

Ainsi, à défaut de servir de modèle dans certaines situations, notre grande franchise et notre humilité compenseront afin que nos enfants nous acceptent et respectent nos conseils[*].

3. Pour que l'enfant m'obéisse, il doit pouvoir vivre comme un enfant.

Si nous lui demandons de cesser de bouger pendant une heure, il est évident qu'il ne pourra pas vivre comme un enfant durant ce temps. Bouger fait partie intégrante de sa nature.

De même, si nous lui demandons de ne plus jamais nous déranger, il est évident qu'il ne pourra plus vivre comme un enfant. Cela lui est aussi impossible.

---

[*] À ce sujet, nous pouvons nous reporter au chapitre 5, sous le titre «Les meilleures raisons à donner à mon enfant», le point 5 plus précisément, où il en a été question.

Nous ne pouvons pas exiger de nos enfants qu'ils adoptent des comportements qui vont à l'encontre de leur nature. En agissant contre elle, nous rendons notre tâche difficile. Nous nous donnons du mal en travaillant à contre-courant, car l'enfant ne pourra pas respecter nos exigences.

Savez-vous que plusieurs écoles ont encore un règlement qui interdit aux jeunes enfants d'aller aux toilettes durant les heures de cours? Il n'est pas surprenant que certains d'entre eux urinent sur le plancher de la classe...

Ces exigences sont malsaines. Elles rendent l'enfant malheureux et elles briment la relation que nous avons avec lui. Nous devons implicitement tenir compte du fait qu'un enfant est un enfant. Sinon, nous travaillons contre sa spontanéité, sa beauté et son trop-plein d'énergie qui ne demande qu'à s'exprimer.

Bien entendu, lorsque l'enfant se comporte mal avec nous, nous sommes en droit d'intervenir pour corriger la situation. Mais essayons de le faire sans lui imposer des restrictions irréalistes, comme subir des conditions qui lui sont insupportables.

4. Pour que l'enfant m'obéisse, il doit pouvoir s'amuser.

Il s'agit du même principe que précédemment. Mais ici, nous insistons sur l'aspect de l'amusement qui mérite une attention toute particulière.

Avec l'âge, plusieurs d'entre nous finissent par perdre le goût de s'amuser, à la maison comme au travail. À notre insu, nous devenons de plus en plus sérieux. Les responsabilités semblent même nous y obliger. Alors les jeux spontanés de l'enfant prennent parfois une autre signification à nos yeux. Ils nous dérangent plutôt que de nous plaire. S'amuser avec les enfants devient alors une perte de temps.

Avec cette perception, nous accordons évidemment au jeu de moins en moins de place. C'est pourquoi, lorsque l'enfant s'amuse avec nous ou près de nous, nous pouvons facilement avoir l'impression qu'il nous dérange ou, pis encore, qu'il fait exprès pour nous déranger.

Et ce n'est pas tout. Plusieurs personnes ont peur de laisser les enfants s'amuser, par crainte de perdre le contrôle de la situation. Cette crainte est ressentie particulièrement par le personnel enseignant.

Par exemple, si un enfant brise le sérieux en s'amusant, il dérangera. S'il fait un drôle de jeu de mots ou une fine plaisanterie, ce n'est pas évident que nous rirons et que nous l'apprécierons. Nous risquons davantage de faire des réprimandes à celui qui en est l'auteur.

Il est vrai que les enfants font certaines niaiseries qui peuvent vraiment agacer. Souvent, ils s'amusent tout simplement. Il faut savoir faire la différence entre les deux. Les niaiseries sont des bêtises et des sottises. Elles sont souvent irrespectueuses. Nous avons donc intérêt à intervenir. Les amusements, eux, revêtent un caractère sain et naturel qui alimente l'esprit et rend l'atmosphère agréable.

Parfois, nous oublions que nos enfants sont drôles. Amusons-nous davantage! Le seul danger est d'y prendre goût! Cela n'enlève rien à notre sérieux en tant que personne responsable et efficace. Ainsi, être sérieux et se prendre un peu trop au sérieux s'avèrent deux principes très différents, que l'on confond habituellement.

Une personne sérieuse, mais qui ne se prend pas au sérieux, est capable de contrôle et de responsabilités, tout en accordant une place à l'amusement.

5. Pour que l'enfant m'obéisse, il doit pouvoir exprimer ses opinions librement.

Pour avoir de bonnes relations et pour obtenir le respect, il est primordial de laisser chacun exprimer ses opinions, pas seulement de les écouter, mais aussi de les considérer. La communication est alors excellente, les ententes également.

Le principe vaut aussi pour les enfants. Il est tout aussi avantageux de ne pas trop censurer leurs paroles lorsqu'ils émettent des opinions sincères. Certes, celles-ci peuvent parfois nous surprendre. Oui, la vérité peut choquer. Mais si nous interdisons à un enfant de nous la communiquer en toute liberté, cela ne changera pas ses opinions et, de plus, nous perdrons sa confiance. Alors, comment pourrons-nous intervenir efficacement?

En tant que parent ou intervenant, il est plus intelligent de connaître ce que l'enfant pense réellement à propos de tout et même... de nous. En étant mieux informés sur ce qu'il pense, nous pouvons mieux le conseiller pour l'aider.

6. Mon discours doit être exprimé le moins possible sur un ton de reproche.

Nous pouvons donner d'excellents arguments à l'enfant; c'est très bon. Mais comme nous l'avons vu, la manière de faire est aussi importante, sinon plus. Si notre discours est donné sur un ton empreint de reproches, c'est-à-dire qu'il est donné de manière à accuser l'enfant pour lui faire ressentir ses torts, ce peut être une cause d'échec. Car plusieurs enfants décrochent complètement ou luttent contre nous dès qu'ils se sentent attaqués.

Pour réussir à nous faire comprendre, il est préférable de ne pas faire de reproches à l'enfant. Cette tactique nous permet d'éviter des réactions qui risqueraient fortement de couper la communication.

Avez-vous déjà remarqué que cela est identique chez les adultes? En général, il est assez difficile de dire à quelqu'un qu'il doit changer telle ou telle attitude. Lorsque nous entamons un dialogue en empruntant un ton accusatoire, cela débouche habituellement vers un échec. Les reproches et les accusations entraînent toujours des réactions, ce qui nuit à la communication et à la venue de bonnes ententes.

C'est compréhensible: il n'est jamais agréable de se faire parler de cette manière. Un bon communicateur fait toujours attention pour éviter de parler sur un ton réprobateur, ce qui lui permet d'avoir une bonne écoute de la part de son interlocuteur, même s'il s'agit de le critiquer.

Pourquoi ne pas en faire autant avec les enfants qui réagissent comme les adultes? C'est une question d'efficacité!

7.   Mon discours doit culpabiliser le moins possible.

La culpabilité est encore très utilisée aujourd'hui. Pourtant, cette approche éducationnelle auprès des enfants nous nuit.

Les reproches, les punitions et la morale sont les trois approches les plus souvent utilisées pour culpabiliser les enfants. Elles sont très traditionnelles et ont peu d'efficacité avec les jeunes d'aujourd'hui, particulièrement avec les adolescents. Aujourd'hui, il est remarquable de voir à quel point de jeunes enfants réagissent comme les adolescents. Cela élargit l'éventail de jeunes sur qui les approches culpabilisantes ne fonctionnent pas.

Certains commentaires typiques sont donnés uniquement pour culpabiliser, par exemple: «Te prends-tu pour un autre?» ou «Tu n'as pas honte?».

L'intonation de notre discours peut aussi créer le même effet.

Pour réussir à être respectés et écoutés par certains jeunes, plus résistants que d'autres ou qui réagissent déjà comme des adultes, nous ne pouvons pas nous permettre d'essayer de les culpabiliser, de n'importe quelle façon, même par le timbre de la voix.

Plusieurs parents nous ont dit qu'ils faisaient attention au timbre de leur voix lorsqu'ils parlaient à leur enfant. C'était, pour eux, la seule manière d'obtenir de bons résultats.

8.   Mon discours doit être le moins possible menaçant.

Les menaces ne sont jamais indispensables. Nous pouvons toujours les remplacer par d'autres formes d'approches.

En voici une qui est très efficace.

Nous avons déjà expliqué qu'il est très bon d'exposer à l'enfant les conséquences qu'il risque d'encourir s'il n'agit pas correctement. Parfois, pour qu'il les réalise pleinement, il doit absolument les vivre.

Donc, au lieu de menacer l'enfant lorsqu'il n'obéit pas, nous devons simplement faire en sorte qu'il assume ses propres responsabilités, c'est-à-dire qu'il en paie le prix lui-même. Sauf si celles-ci comportent un danger, bien entendu.

Plus souvent qu'autrement, c'est le parent qui paie le prix des erreurs de l'enfant. Alors, ce dernier n'est jamais confronté à ses conséquences. Et même s'il les connaît, elles ne l'atteignent pas et, de ce fait, l'enfant n'apprend pas.

Prenons le cas d'un enfant qui sème toujours la pagaille lorsqu'il est temps de l'habiller pour sortir de la maison. Au lieu de le menacer chaque jour, avec tous les désagréments que cela entraîne, le parent pourrait simplement lui faire vivre ses propres conséquences. Comment? En le laissant sortir, même s'il n'est pas vêtu convenablement. Alors, il comprendra à quoi servent les vêtements, tout simplement. Évidemment, une telle intervention est idéale si les conditions extérieures s'y prêtent, c'est-à-dire s'il n'y a aucun risque d'engelure ou de coup de soleil pour l'enfant. Cependant, s'il fait un peu froid ou s'il pleut, l'occasion est idéale.

Une mère me racontait que c'est exactement ce qu'elle avait fait avec son enfant. Elle l'avait prévenu, mais l'enfant résistait toujours. Alors, elle lui a dit: «D'accord, tu ne veux pas t'habiller, ça te regarde. Va dehors sans tes bottes et ton manteau.» Après quelques heures à l'extérieur, l'enfant avait changé d'idée et était revenu s'habiller. Le problème était réglé pour de bon.

Cela faisait un an que cette mère endurait les crises de son enfant. Elles pouvaient durer une demi-heure, ce qui commençait mal la journée. Pourtant, en appliquant cette méthode, le problème fut enfin réglé à tout jamais et en une seule intervention.

Plusieurs histoires vécues, comme celle-là, démontrent l'efficacité de cette méthode. Elle fonctionne presque à tout coup et elle a l'avantage de régler le problème pour longtemps. Il faut parfois trouver sa propre façon de faire. Il en existe plusieurs.

Ce genre de petites initiations permettent de développer le sens de la responsabilité et de la justice chez l'enfant, parce qu'elles l'amènent à prendre réellement conscience des conséquences. Elles sont mille fois plus éducatives que les menaces et les punitions, mais sans leurs désavantages, dont celui d'établir un rapport de force ou de peur.

Ce n'est pas tout. Il arrive que l'enfant refuse de nous obéir uniquement parce qu'il prend plaisir à nous incommoder. Avec cette méthode, son petit jeu se retourne contre lui et il n'a d'autre choix que d'abandonner la partie.

Bien que les menaces ne constituent pas une bonne façon de procéder, elles continueront d'être abondamment utilisées, à divers degrés. Si jamais nous y avons recours, faisons en sorte qu'elles puissent être appplicables, non violentes et sensées.

Et si c'est le cas, elles doivent être appliquées. C'est très important, car nous n'aurons jamais de résultats dans le cas contraire. En effet, l'enfant ne nous prendra plus jamais au sérieux s'il sait que nous n'osons pas passer à l'action.

Si jamais nous avons malheureusement recours aux menaces, il est primordial qu'elles soient sensées et que nous les exécutions par la suite.

Voici un type de menace insensée.

Un jeune garçon fait régulièrement mal à son petit frère. Ne sachant plus quoi faire, le parent lui dit qu'il va l'enfermer dans sa chambre pendant une semaine s'il continue.

Lors de rencontres avec des parents, bon nombre d'entre eux nous ont fait part de ce genre de menace qu'ils proféraient à l'égard de leurs enfants. Lorsque nous leur demandons s'ils exécutent habituellement leur menace, la réponse est négative. La majorité des gens sont incapables d'enfermer leurs enfants pendant une semaine. Heureusement, d'ailleurs!

C'est ce type de menace que nous ne pouvons pas tenir si nous aimons nos enfants.

Voici deux principes à respecter absolument afin que les menaces nuisent le moins possible à l'enfant et qu'elles servent à quelque chose, malgré tout.

Premier principe: Lorsque la menace s'applique sur une longue durée (défendre à l'enfant de prendre sa bicyclette pendant une semaine, par exemple), la punition doit cesser immédiatement lorsque l'enfant manifeste de bonnes intentions. Il faut lui faire confiance et lui redonner immédiatement ses droits (la bicyclette), afin de valoriser un bon comportement. Sinon, l'enfant peut facilement avoir l'impression qu'il ne lui sert à rien d'être un bon enfant. «À quoi bon, je continue de subir des punitions même si je promets de changer.» Toutefois, si, après lui avoir retiré la punition, nous réalisons que l'enfant n'était pas sincère ou qu'il a soudainement repris ses mauvaises habitudes, nous devons corriger la situation et exécuter à nouveau l'ancienne menace. Puis, nous devons lui refaire confiance lorsque le bon enfant se représente devant nous avec de bonnes intentions. Ainsi, il sera convaincu qu'il est payant de bien agir.

Second principe: Si, malgré l'application de nos menaces, l'enfant ne semble toujours pas vouloir adopter une bonne attitude, il faut mettre fin à ces menaces. Elles ne servent à rien et ne feront qu'empirer la situation. Alors, il est préférable d'utiliser d'autres moyens.

Malgré la popularité des approches menaçantes, nous les déconseillons. Mais comme elles continueront de s'exercer dans plusieurs familles et écoles, faisons en sorte de respecter ces deux petits mais précieux principes qui minimiseront les séquelles de cette approche.

Pour l'amour de nos enfants, ne les éduquons pas en les menaçant, un peu comme on élève les animaux. Il s'agit de savoir faire différemment!

9. Je dois faire attention pour ne pas dramatiser l'ampleur de l'événement.

En tant que parents responsables, nous avons le devoir de nous occuper de nos enfants. Nous devons intervenir, au besoin, et nous ne devons pas laisser aller un problème dans l'espoir qu'il se règle tout seul.

Mais il faut faire attention de ne pas dramatiser les événements pour autant. En effet, pour obtenir une meilleure résolution des problèmes, il est essentiel de ne pas faire une montagne avec chacun d'eux. Bien entendu, certains problèmes peuvent être très sérieux, mais les dramatiser ne nous aidera pas. Il arrive fréquemment que les problèmes ne soient pas si épouvantables qu'ils peuvent nous le sembler à première vue et qu'ils se règlent plus rapidement que nous le pensions lorsque nous utilisons une bonne approche.

En fait, lorsque nous exagérons un problème, il devient beaucoup plus gros qu'au départ. Il est donc nécessairement plus difficile à résoudre. Habituellement, nous sommes portés à exagérer un problème lorsqu'il vient bousculer nos valeurs. Le vol est un exemple caractéristique de ce phénomène. Mais, peu importe le problème en question, puisqu'il ne coïncide pas avec nos valeurs, il crée automatiquement de fortes émotions dans notre âme et complique ainsi la situation. Normalement, plus les émotions sont à fleur de peau, plus il est difficile de voir clair et de créer un climat d'entente.

Par exemple, le ménage de la chambre d'enfant est un drame quotidien pour plusieurs parents. En France, c'est le problème qui revient le plus souvent sur la sellette. Il en est probablement de même dans plusieurs autres pays. Une chambre d'enfant en ordre semble être le symbole d'une bonne éducation. Pourtant, ce n'est pas parce que l'enfant ne tient pas sa chambre en ordre qu'il est mal éduqué pour autant et qu'il sera malpropre pour le reste de sa vie. Tenir absolument à ce que la chambre soit ordonnée, au prix de nombreuses disputes et plusieurs heurts, cela vaut-il vraiment le coût? Surtout lorsque nous n'obtenons pas, de toute façon, de bons résultats. L'ampleur du problème n'est-elle pas démesurée?

Les retards, l'habillement, la coupe de cheveux, l'impolitesse et certains autres problèmes sont également sujets à beaucoup d'exagération et sont la cause de nombreux différends entre parents et enfants, selon les valeurs de chacun.

Évidemment, nous devons tenir compte de nos valeurs. Il est normal de porter des jugements vis-à-vis du comportement de nos enfants. Si nous estimons qu'il y a un problème, il va de soi que nous réagissions. Mais, à la suite de notre réaction, essayons d'agir de manière à obtenir de bons résultats. Si notre façon d'agir entraîne des guerres et des drames, nous tirerions profit à réviser notre approche qui est probablement beaucoup trop émotive. Si la situation n'est pas si tragique, nous devrions réévaluer l'importance accordée au problème de départ et prendre la vie du bon côté.

Ce n'est pas uniquement l'importance accordée aux problèmes qui peut être démesurée; la manière de communiquer avec nos enfants peut également dénoter de l'exagération.

Par exemple:

- «Tu es **toujours** en retard.» Alors qu'en réalité, l'enfant est en retard un fois sur dix.

- «Tu fais **toujours exprès** pour me faire fâcher.» Fait-il réellement exprès, chaque fois?

116

Souvent, ce genre de discours ne tient pas compte des faits. Il communique une réalité exagérée, puisqu'il ne prend pas en considération toutes les fois où l'enfant n'était pas en retard et où il n'avait pas fait exprès, ce qui est injuste et dévalorisant pour lui. C'est à éviter!

10. Je dois dire non sans mettre l'enfant au défi.

Même s'ils ne sont âgés que de quelques mois, bien des enfants aiment relever des défis.

Quels défis? Ce qui est défendu de faire, évidemment!

Par exemple, une petite fille de six mois trouve plaisir à manger la nourriture sèche destinée au chat de la maison. Après plusieurs interventions, en vain, son père lui dit d'une voix plus forte: «Cesse de jouer avec la nourriture du chat.» L'enfant, encore plus excitée par la situation qui est devenue un jeu, décide d'y aller à deux mains tout en étalant un large sourire taquin qui en montre beaucoup plus que ses quatre belles dents; elle affiche sa fierté d'avoir relevé le défi.

Un père dit à son enfant de cesser d'ouvrir la porte d'armoire, en prenant soin de l'éloigner du mobilier en question. Ensuite, le père fixe l'enfant avec ses gros yeux insistants, en lui pointant du doigt l'endroit défendu. Âgé d'à peine dix mois, l'enfant regarde son père d'un air moqueur et se dirige de nouveau vers le meuble défendu. En plus, l'enfant prend soin d'attirer l'attention de son père en ricanant, pour être certain que ce dernier le voit faire.

Ce petit enfant a lui aussi relevé le défi!

Certains intervenants parlent d'enfants élastiques: «Dès que nous les lâchons, ils retournent à la case départ, celle qui est interdite.»

Pour éviter ce genre de comportement, où l'enfant fait immédiatement ce que nous venons de lui interdire, il y a une ruse à utiliser. Elle est fort simple et elle donne de bons résultats plus souvent qu'autrement. Il s'agit de ne pas mettre l'enfant au défi.

Comment? Il y a de nombreuses façons, mais elles se résument toujours à la même idée: il s'agit de passer à autre chose immédiatement après être intervenu auprès de l'enfant.

Un jour, une mère nous racontait qu'elle était en voiture et que son garçon de douze ans cassait les oreilles de tous les passagers en se plaignant à tue-tête. Elle lui dit très fort et promptement: «Cesse de nous parler comme cela. Tu n'auras jamais ce que tu veux en parlant de cette manière.»

Ce qui s'est produit tout de suite après est intéressant. La mère changea de ton et lui demanda: «Aimerais-tu venir au cinéma avec moi cet après-midi?»

Cette mère avait su passer à autre chose immédiatement, après son intervention. Le résultat? Son fils ne garda aucune rancune de l'événement et ne défia pas sa mère. Il se sentait aimé par elle, malgré son intervention puissante et directe. L'ambiance n'était ni au défi ni mauvaise, car la maman avait instauré une autre atmosphère très rapidement, faisant ainsi oublier l'incident.

Il existe une multitude de façons de passer à autre chose, pour ne pas lancer de défi. Ce peut être en le chatouillant, en se tiraillant avec lui, en faisant de l'humour, en parlant d'autre chose, etc.

L'idée principale consiste à ne pas insister sur l'interdiction elle-même. Car le fait d'insister provoque très souvent un défi que l'enfant voudra relever, en plus de créer une situation tendue.

Habituellement, nous insistons trop sur l'interdiction, soit avec un long regard désapprobateur, soit en surveillant directement l'enfant de manière à ce qu'il le remarque ou en continuant d'argumenter sur le sujet. Ainsi, nous attirons à nouveau l'attention de l'enfant sur l'interdit. Puis, lorsqu'il prend de l'âge, cette insistance finit par peser lourd dans le fragile équilibre entre l'autorité et la relation amicale.

Mais attention! Même s'il ne faut pas insister, nous devons intervenir chaque fois que l'enfant récidive. La fermeté reste de mise... mais sans le mettre au défi!

11. Je dois éviter de lui parler de plusieurs problèmes à la fois.

Nous pouvons avoir mille arguments géniaux. Cependant, si nous essayons de les apporter dans une seule discussion, pour régler plusieurs problèmes à la fois, ce sera sûrement voué à l'échec.

Il est beaucoup plus facile de résoudre les problèmes lorsque nous tentons de les régler un à la fois. Ceci s'explique aisément.

Imaginons qu'une personne nous fasse des reproches et nous demande de changer une attitude. Cette situation pourrait être pénible pour plusieurs d'entre nous, puisqu'elle nous amènerait probablement à vivre différents ennuis tels que des émotions, des frustrations, des problèmes de relation, des injustices, des surprises, des prises de conscience, des difficultés à avouer nos torts, des empêchements à pouvoir changer, etc.

Alors, imaginons qu'une personne nous demande de modifier plusieurs attitudes d'un seul coup. La situation deviendrait insupportable et inacceptable pour la plupart d'entre nous.

Il en est de même chez l'enfant. De plus, il ne pourrait pas corriger tous ses défauts de comportement d'un seul coup, comme la quasi-totalité des adultes. Surtout si ses défauts sont acquis depuis de nombreuses années.

Par ailleurs, les discussions qui traitent de plusieurs problèmes finissent normalement par s'enliser dans un imbroglio total. Un peu comme une chicane de couple où les conjoints se lancent en pleine figure un tas de reproches, sans pour autant aboutir à des arrangements.

De telles discussions véhiculent beaucoup trop d'éléments à la fois, lesquels peuvent faire réagir l'interlocuteur ou dévier la discussion du vrai problème.

Aussi, ces discussions sont trop compliquées et ne mènent que très rarement à une entente claire et concrète. Voilà deux raisons qui devraient nous inciter à nous concentrer sur un seul problème à la fois.

Une fois réglé, nous passerons à un autre. C'est une question d'efficacité!

12. Je dois éviter de lui parler toujours de la même manière.

Nous avons vu précédemment qu'il ne fallait pas répéter trop souvent les mêmes explications, puisque cela fait en sorte que l'enfant ne les écoute plus. Le phénomène est identique en ce qui a trait à notre façon de nous adresser à lui. Elle doit être différente, à l'occasion.

Si, chaque fois que nous nous adressons à l'enfant, nous lui parlons toujours sur le même ton et de la même manière, ce rituel peut également affaiblir l'impact de nos interventions. Car, à la longue, il connaît la musique par cœur, il ne l'écoute plus et il réagit toujours de la même façon. À ce moment, il est logique d'envisager d'autres façons de lui parler.

Surprenons-le en variant notre approche!

Par exemple, si nous avons l'habitude de lui parler sérieusement, tentons l'humour. Ou encore, si nous avons l'habitude de lui parler en douceur, essayons d'avoir un discours un peu plus explosif.

Ça vaut le coût d'essayer!

13. Je dois faire preuve de fermeté et de constance, tous les jours, sans relâche.

Pour que l'enfant croie en notre autorité, nous devons l'exercer continuellement et fermement chaque fois qu'il déroge aux règles.

Si, un jour, c'est non et que le lendemain c'est oui, si nous lui interdisons une chose et qu'ensuite nous ne la lui interdisons plus, sans avoir de bonnes raisons, cela ne peut aller comme sur des roulettes. Car il est certain que l'enfant tentera sa chance à chaque occasion qui se présentera, tout simplement parce que, une fois sur deux, les règles ne sont pas appliquées.

Prenons le cas où, à la maison, il est interdit de laisser traîner ses vêtements dans le salon. Si le parent n'intervient qu'occasionnellement, lorsque l'enfant ne respecte pas cette consigne, ce dernier sait très bien qu'il peut les laisser traîner sans trop de problèmes.

C'est pourquoi nous devons être constants et fermes dans l'exercice de notre autorité. Ainsi, nous fermons les portes à la tentation de l'indiscipline. Cela permet à l'enfant de comprendre très rapidement qu'il ne lui sert à rien d'aller à l'encontre des règles établies. Il découvre que ça ne fonctionne jamais autrement.

Cela signifie aussi que nous ne devrions pas faire de passe-droit, sans raison.

Au début, pour ne pas devoir passer nos journées entières à faire respecter les règlements, il est préférable de ne pas en avoir trop, car l'excès de règles rend la situation très difficile.

Par ailleurs, si l'enfant n'est pas habitué à cette fermeté, il sera probablement tenté de vouloir y résister. Alors, il essaiera toutes sortes de manipulations, ordinaires ou d'autres, fracassantes: crises de larmes ou de colère, petites peines, tentatives de désobéissance, affrontements verbaux ou menaces. Si c'est le cas, la seule voie à suivre, pour qu'il nous prenne au sérieux et pour qu'il cesse ce genre de comportement, est le calme et la ténacité. Autrement, il continuera de nous manipuler. Même s'il est parfois pénible d'intervenir, sachons que l'effort initial sera rapidement récompensé.

Normalement, avec la fermeté et la constance, l'enfant deviendra discipliné. Par contre, sans ces deux éléments essentiels de la pédagogie, les mauvaises habitudes persisteront longtemps et nous risquons de devoir toujours faire des reproches et punir. C'est épuisant.

Il importe de ne pas laisser l'enfant faire ce qui n'est pas bon pour lui, même si nous avons peur de devoir faire face à de vives réactions de sa part. De même, il ne faut pas succomber à ses caprices, sous la pression et la fatigue. Nous sommes fréquemment tentés de faire le contraire, pour avoir la paix et le calme. Mais il peut s'avérer dangereux de vouloir acheter ainsi un moment d'apaisement si éphémère. Par conséquent, nous risquons de payer le prix pendant plusieurs années. L'enfant continuera à faire pression sur nous, à tous les jours, pour que nous satisfassions ses caprices. Il ne changera pas, si sa tactique fonctionne.

Faisons observer les règlements s'ils sont intelligents et surtout, faisons-nous respecter à tout moment. C'est notre énergie, notre bonheur, notre efficacité, l'apprentissage de l'enfant et aussi son bonheur qui sont en cause.

Fermeté, douceur et constance, voilà une recette miraculeuse!

14. Je lui fais bien comprendre que je ne suis pas obligé d'être à son service et que je ne le serai plus, s'il ne me respecte pas.

Nous y avons déjà fait allusion amplement dans la première partie du livre. Mais rappelons-nous simplement que nous sommes des êtres humains et que nous avons besoin de respect. Bien souvent, le rôle du parent ou de l'intervenant, en particulier celui de l'enseignant, n'est pas valorisant parce que le respect fait défaut. Il est primordial qu'il revienne en force.

Il est vital de vivre dans une certaine équité. Nous avons grandement avantage à faire comprendre ce principe à nos enfants, en refusant tout manque de respect. Nous devons respecter les enfants. C'est un fait. Mais nous devons aussi nous faire respecter. Rien ne nous oblige à endurer des conditions indignes. Nous ne méritons pas d'être mal appréciés et abusés par nos enfants, si nous sommes serviables et bons avec eux.

Il faut parfois arrêter la roue de tourner et éclaircir certains points avec les enfants, soit pour rétablir l'équilibre, soit pour les sensibiliser à devoir communiquer d'une manière plus acceptable.

Nous venons de décrire quatorze recommandations. Évidemment, elles sont nombreuses, mais elles recèlent un grand trésor: une vie de famille plaisante où parents et enfants peuvent mieux s'entendre, tout en établissant un cadre familial éducatif adapté à la réalité d'aujourd'hui.

L'application de ces recommandations peut nous demander certains changements d'attitude à l'égard de nos petits. Nous pouvons également nous inquiéter à propos de notre capacité à suivre ces recommandations. C'est un fait. Mais ne nous faisons pas de mauvais sang avec ces appréhensions. Souvent, il s'agit d'appliquer seulement quelques-unes de ces recommandations pour obtenir d'excellents résultats.

Nous allons maintenant simplifier tout ceci, à l'aide d'un tableau facile à consulter. Il s'agit de la grille *Correction*, appelée ainsi à partir des mots «correcte intervention».

Comme la grille *Vérifiex* résumait clairement les différents types d'explications, la grille *Correction* présente brièvement les différents types d'interventions qui sont préconisés dans cet ouvrage.

Ainsi, nous pourrons les consulter d'un simple regard, afin de vérifier la qualité de notre intervention.

Nous y retrouvons quatorze questions que nous devons nous poser avec grande sincérité. Comme pour la grille *Vérifiex*, le but visé consiste à obtenir le maximum de réponses identiques.

Bien sûr, il n'est pas toujours nécessaire de respecter toutes ces recommandations, même si cela est préférable. La grille *Correction* est avant tout un excellent guide qui nous permettra de voir exactement ce qui nous nuit dans notre manière d'intervenir, afin de corriger ces lacunes, s'il y a lieu. Donc, lorsque nous n'obtenons pas les résultats désirés avec notre enfant, jetons-y un coup d'œil.

En pédagogie, il n'y a rien d'absolu, mais il existe des chemins plus prometteurs que d'autres. Nous vous conseillons de les emprunter.

LA GRILLE CORRECTION

1.	L'enfant est-il vraiment présent d'esprit pour nous écouter?	OUI
2.	Est-ce que je donne l'exemple à l'enfant ou, au contraire, est-ce que je lui donne de bonnes raisons qui peuvent justifier mon attitude?	OUI
3.	Lorsque l'enfant m'obéit, peut-il s'exprimer comme un enfant?	OUI
4.	Lorsque l'enfant m'obéit, peut-il s'amuser comme un enfant?	OUI
5.	Lorsque l'enfant m'obéit, peut-il exprimer ses opinions librement?	OUI
6.	Lui ai-je déjà fait bien comprendre que je ne suis pas obligé d'être à son service et que je cesserais de l'être, s'il ne me respectait pas?	OUI
7.	Mon discours est-il exprimé sur un ton de reproche?	NON
8.	Mon discours cherche-t-il à culpabiliser?	NON
9.	Mon discours est-il menaçant?	NON
10.	Est-ce que je dramatise l'ampleur de l'événement?	NON
11.	Est-ce que je mets l'enfant au défi en insistant, après être intervenu?	NON
12.	Est-ce que je parle de plusieurs problèmes à la fois?	NON
13.	Est-ce que je lui parle toujours de la même manière?	NON
14.	Est-ce que je manque de fermeté ou de continuité, sans avoir de bonnes raisons?	NON

Je résiste au chantage pour le bien de tous

En Ontario, une directrice d'école nous racontait qu'elle connaissait une mère qui devait donner 200 $ par semaine à son fils, sinon, ce dernier menaçait de se suicider.

Le chantage va très loin et il peut prendre différentes formes d'expressions: la menace verbale, la menace physique, la menace de suicide, la menace de décrochage scolaire, etc.

Au départ, nous ne devrions jamais accepter aucun chantage, quel qu'il soit. Ce principe est fondamental. Dès que nous succombons aux premiers chantages, nous creusons alors le piège dans lequel nous tomberons. En voyant que le chantage fonctionne, l'enfant en abusera.

Par contre, il y a toujours une part de risques à couper court aux menaces graves, comme le suicide, le meurtre ou la violence physique. Le garçon, qui menaçait de se suicider s'il n'obtenait pas ses 200 $ par semaine, pourrait effectivement décider de passer à l'acte s'il ne les obtenait pas. Il y a probablement plus de chances qu'il n'exécute pas sa menace, mais le risque est présent. Sait-on jamais? Si nous avons des doutes, il est préférable de consulter des spécialistes qui pourraient nous guider beaucoup mieux que nous pourrions le faire dans cet ouvrage. Chaque cas est différent et mérite une attention particulière.

Prendre position face au chantage demeure évidemment une décision très personnelle. Il faut savoir en assumer les conséquences.

Cependant, pour ce qui est du chantage mineur, alors là... Plus rapidement nous y mettrons fin, plus vite l'enfant apprendra à négocier avec d'autres méthodes beaucoup plus convenables.

Même si la foudre de l'enfant est menaçante et qu'elle risque d'éclater, sous forme de larmes, de crises ou de colères, restons calmes et bien «groundés» les deux pieds sur terre pour y faire face et tenir bon, le temps que la tempête passe. Sinon, nous risquons d'être brûlés par la foudre.

TROISIÈME PARTIE

Quand dire non ?

Le monde de l'éducation est un jardin ;
il a besoin de jardiniers.

CHAPITRE 8

Quelques conseils précieux

Un enfant est un enfant

Nous avons déjà glissé quelques mots à propos du fait que plusieurs adultes oublient ce que cela signifie être un enfant, vivre dans la peau d'un enfant.

Cette affirmation n'est pas un reproche, mais plutôt une constatation qui peut nous servir.

La différence qui sépare le monde de l'adulte de celui de l'enfant est grande. Les intérêts pratiques de l'un diffèrent considérablement de ceux de l'autre, ce qui engendre une différence de comportement et d'attitude très marquée.

La vision du monde de l'enfant n'a rien à voir avec celle de l'adulte, tellement chacun regarde la vie sous un angle différent.

Parce qu'il nous arrive d'oublier cette différence, cela donne naissance à des perceptions erronées et à une incompréhension face à nos enfants. Par conséquent, certains problèmes peuvent en découler: l'intolérance, les mésententes, les frustrations, l'impatience.

Par exemple, un enfant qui bouge trop, cela peut nous déranger. Pourtant, plusieurs enfants n'ont d'autres choix que de bouger constamment. C'est dans leur nature. Ils ont un trop-plein d'énergie qu'ils devront apprendre à mieux canaliser. Il faut leur donner un peu de temps pour y arriver.

Ce n'est pas tout, il y a aussi la propreté. Voilà un autre domaine que les adultes et les enfants ne voient pas du même œil. L'enfant qui salit ses vêtements doit-il être réprimandé ou devons-nous considérer comme normal qu'il les salisse?

Ou encore, nous demandons aux enfants de toujours dire la vérité. Mais lorsque cette vérité choque, nous leur demandons d'être polis. Pour l'adulte, la politesse va habituellement de soi. Il a déjà compris qu'elle lui permet d'établir de meilleurs contacts, de lui ouvrir des portes. Il sait aussi qu'elle est une façon plus agréable de communiquer. La politesse est d'ailleurs une forme de diplomatie où la vérité et les idées sont présentées de manière à être mieux acceptées. Pour l'enfant, la politesse est un concept qui peut le mélanger pendant quelques années, jusqu'au jour où il réussira à le décortiquer pour l'utiliser à bon escient.

Voilà donc plusieurs fossés, creusés par des divergences de points de vue et par des expériences différentes, qui séparent le monde de l'enfant de celui de l'adulte.

Ce ne sont là que quelques exemples qui démontrent cette séparation; il en existe bien d'autres. Pensons simplement au tempérament sérieux qui caractérise tant les adultes et au tempérament joueur qui caractérise les enfants.

Si nous n'avions qu'un conseil à donner, ce serait d'essayer de rester jeunes, tout en étant des personnes responsables.

Pour plusieurs adultes, cette belle allégation est déjà une façon naturelle de vivre. Mais, pour bien d'autres, le fait de rester jeune d'esprit tout en exécutant les tâches de parents, en plus de devoir travailler pour gagner leur vie, n'est pas évident.

Malgré tout, conserver un état d'esprit jeune et, surtout, ne pas perdre de vue ce qu'est la vie d'un enfant sont des éléments à prendre en considération. Ainsi, nous comprendrons mieux sa nature: ses difficultés occasionnelles à bien s'ajuster à notre monde et à nous obéir parfaitement. N'exigeons jamais de lui qu'il se comporte comme un adulte.

De toute manière, même avec des restrictions trop sévères et des règlements inappropriés, ils continueront tant bien que mal à se comporter comme des enfants; mais ils en souffriront.

Alors, ne soyons pas trop exigeants avec les jeunes enfants. Trop de règlements les étouffent – surtout s'il s'agit de choses moins importantes. Profitons-en pour nous relaxer et pour nous amuser avec eux.

Si nous en tenons compte, nous aurons de meilleures relations et nous serons moins déçus à propos de leurs attitudes.

Avec les enfants, il faut agir comme un bon sculpteur qui sait quelle partie de la sculpture doit être façonnée pour lui révéler sa forme. Il taillera ici et là, pour lui donner toute sa splendeur. Jamais le bon sculpteur n'abîmera les parties de sa sculpture qui expriment déjà la beauté de l'œuvre.

C'est tout un art d'être parent!

Ne pas abuser du non

Il est évident qu'avec les jeunes enfants, les occasions de dire non ne manquent pas, même durant une seule journée. Et, lorsqu'ils grandissent, elles sont moins fréquentes.

À tout âge, le fait de dire non aussi souvent à un enfant peut rapidement lui donner l'impression qu'il ne peut rien faire sans que nous le lui interdisions.

Or, nous avons appris qu'en répétant trop souvent le même message, il finit par avoir moins d'effet. Le message «non» tend donc à perdre sa force s'il est trop utilisé. De plus, il peut finir par irriter l'enfant grandement, une irritation qu'il cherchera alors à retourner contre nous.

Malgré tout, nous n'avons pas toujours le choix d'intervenir, puisque nous ne pouvons pas permettre n'importe quoi à l'enfant.

Alors, que faire? Eh bien, il faut savoir intervenir sans abuser du non, c'est-à-dire l'utiliser seulement lorsque cela est vraiment nécessaire!

Mais comment? Premièrement, il s'agit de l'employer le moins possible pour régler de petits problèmes. En effet, au lieu de toujours intervenir en disant non, nous pouvons le faire autrement.

Deuxièmement, il arrive que certaines interdictions soient superflues, car il n'y a pas réellement de raisons d'intervenir.

Voici quelques exemples qui se rapportent à l'une ou l'autre des affirmations.

- Un petit enfant joue délicatement avec des magazines qui traînent sur une table, dans la salle d'attente d'une clinique médicale. Certains parents ont le réflexe de dire non à l'enfant, dans une telle situation. En réalité, il n'y a pas de problème, car l'enfant manipule ces magazines avec soin.

- Un enfant de six ans joue sur un terrain de jeux aménagé à l'intérieur d'un restaurant. Il s'amuse à glisser très lentement, en position couchée, sur la glissade. C'est tout à fait sans danger. Mais sa maman intervient et lui dit:«Glisse comme il faut, sinon tu ne pourras plus jamais y retourner.» Cette intervention est inutile, car personne ne court aucun risque. Le parent et l'enfant n'ont rien à gagner à la suite de cette interdiction.

- Nous sommes au vidéoclub et notre jeune garçon, âgé d'un an et demi, prend deux ou trois cassettes disposées sur les étagères. Au lieu de lui dire non, nous pouvons simplement les lui retirer doucement des mains et attirer son attention vers autre chose. Mais, comme ces lieux exercent un grand attrait sur eux, alors il voudra probablement toucher de nouveau à tout ce qu'il voit. La suite de la solution consiste à le prendre par la main plus fermement et à lui parler un peu, quitte à le porter dans nos bras pendant quelque temps si cela s'avère nécessaire.

- La petite fille aime mordre les plantes de la maison. Au lieu de lui répéter vingt fois par jour «Non-non-non... ne mords pas les plantes», plaçons-les hors de sa portée si nous en avons la possibilité. Dans deux ou trois mois, nous pourrons les remettre à leur place, sans danger et sans avoir à toujours dire non, car l'enfant ne les mordra plus.

- Une jeune adolescente parle grossièrement à sa mère. Au lieu de lui dire «Non... tu n'as pas le droit de me parler comme cela, ma fille», la mère peut rétorquer en lui demandant, par exemple: «Est-ce que tu aimerais que ton ami te parle comme ça?»

Une douceur, un geste délicat, une action, un peu d'humour, un regard complice, une question, une observation, une distraction, un chatouillement, une taquinerie, une discussion, voilà tant de façons d'intervenir sans avoir besoin de prononcer une seule fois le mot «non».

Souriez! Ça règle bien des problèmes

L'humeur des uns entraîne souvent la même humeur chez les autres, un peu comme les bâillements qui sont habituellement très communicatifs. Il s'agit d'un phénomène tout à fait naturel.

En effet, l'humeur d'une personne peut déteindre sur la nôtre assez facilement.

Nous avons tous déjà vécu ce genre d'influence que les gens peuvent exercer sur nous. Particulièrement s'il s'agit d'une personne avec laquelle nous passons une grande partie de la journée, au travail ou à la maison.

Imaginons que nous passons une journée entière avec une personne grognonne, qui chiale constamment du matin au soir et qui, de surcroît, surveille nos faits et gestes pour nous critiquer à la moindre occasion. Elle aurait sûrement un effet négatif sur notre état d'esprit.

Maintenant, imaginons que nous passons une journée avec une personne qui a le sourire facile. Une personne qui, malgré nos défauts, est agréable avec nous et sait nous conseiller sans nous démoraliser. Elle aurait également une influence sur nous, mais celle-ci serait positive.

Avec nos enfants, nous pouvons nous servir de cette influence, à bon escient, pour changer leurs mauvaises attitudes et leur mauvaise humeur. Plusieurs personnes nous ont raconté que c'est uniquement par le sourire ou par une autre approche plaisante qu'elles ont finalement amélioré leurs relations familiales.

En effet, le simple fait d'intervenir agréablement, avec le sourire ou l'humour, peut changer totalement nos rapports avec l'enfant et, par conséquent, son comportement.

Lorsque nous devons faire de la discipline et que nous le faisons avec un bon état d'esprit, cela influence positivement l'enfant.

Parfois, il faut faire quelques efforts pour y arriver, mais cela est immédiatement rentable. Car, si l'enfant se plaît en notre présence, plusieurs problèmes s'estomperont naturellement, sans que nous ayons besoin d'intervenir à tout moment.

Il est remarquable de voir à quel point les jeunes enfants miment naturellement nos expressions. Ainsi, si nous les abordons avec douceur, ils réagiront généralement avec la même douceur. Quant aux enfants plus âgés, même s'ils ne miment pas aussi facilement les adultes, ils apprécient néanmoins ce genre d'approche plus sympathique.

Mais, peu importe l'âge, les enfants sont toujours influencés par notre façon de les aborder. En leur souriant, ils sont plus heureux. Et nous aussi, puisque plusieurs problèmes ne verront jamais le jour et que notre mission de parent sera beaucoup plus facile. Voilà qui est beaucoup plus plaisant!

Il s'agit simplement d'y penser, surtout dans le feu de l'action!

CHAPITRE 9

Quand faut-il dire non?

Un problème à la fois

Si notre vie de parent va bien, c'est-à-dire que nous ne sommes pas débordés par les problèmes, la situation est relativement simple. Dans ce cas-là, nous n'avons tout simplement qu'à régler les difficultés au fur et à mesure qu'elles se présentent et elles ne risquent pas, à ce moment, de s'accumuler. C'est donc le meilleur moment d'essayer de les résoudre, car d'autres, probablement, nous attendront au tournant...

Cependant, lorsque nous sommes déjà débordés par plusieurs problèmes à la fois et que nous ne savons plus comment faire pour en venir à bout, il existe une solution stratégique qui peut nous sortir de cette impasse si pénible. Il s'agit de nous occuper que d'un seul à la fois.

C'est toujours plus efficace. Dès qu'une question est réglée, nous passons à une autre. Et ainsi de suite.

Jamais nous ne devrions en attaquer plusieurs de front.

L'important, dans ma vie

Étant donné qu'il est plus facile de résoudre un seul problème à la fois, il est juste de se poser la question suivante.

Maintenant, lequel devrions-nous régler en premier?

Pour y répondre, nous devons d'abord établir clairement quelles sont les difficultés que nous vivons avec l'enfant. Cela devrait être assez facile, puisque nous y sommes confrontés presque tous les jours. Il peut s'agir de l'impolitesse, du décrochage scolaire, de la violence, etc.

Puis, une fois qu'elles sont bien identifiées, nous devons les placer par ordre d'importance, afin de les régler efficacement, une à la fois.

C'est pourquoi nous parlons de priorité des problèmes, car certains sont plus importants que d'autres.

Pour nous donner une idée à ce sujet, nous pouvons consulter le tableau de priorité des problèmes, à la page suivante. Il nous donne une vue d'ensemble pour nous permettre d'identifier quels problèmes devraient être réglés dans un premier temps, puis dans un deuxième temps, et ainsi de suite. Ce n'est pas exhaustif, mais il donne une bonne idée des problèmes les plus urgents à régler. Il mérite donc une attention particulière, parce qu'il tient compte de tout ce que nous avons vu jusqu'à maintenant.

Par exemple, le décrochage scolaire peut nous paraître plus important que les problèmes engendrés par une mauvaise relation. Pourtant, il est essentiel de retrouver d'abord une bonne relation pour que l'enfant tienne compte de nos conseils concernant l'école. D'ailleurs, avec une bonne relation, il est beaucoup plus facile de résoudre une multitude de problèmes.

Cependant, c'est uniquement nous qui avons le dernier mot. Si nous avons des priorités différentes, il faut en tenir compte et respecter nos valeurs. Le choix revient donc seulement à nous.

Nous avons divisé le tableau selon trois types de problèmes.

1. Les problèmes prioritaires (très sérieux quant à la survie de l'enfant);

2. Les problèmes secondaires (très sérieux);

3. Les autres problèmes (moins urgents ou qui peuvent être réglés beaucoup plus facilement si les autres problèmes précédents sont déjà résolus).

TABLEAU DE PRIORITÉ DES PROBLÈMES

LES PROBLÈMES PRIORITAIRES

À régler de toute urgence.

1. Tout ce qui est un danger immédiat pour la vie de l'enfant ou celle d'autrui.

LES PROBLÈMES SECONDAIRES

À régler en premier, si la vie de l'enfant n'est pas en danger.

1. Une absence de communication.

2. Une mauvaise relation telle qu'un manque grave de respect, de la violence physique, des menaces verbales.

3. Trop de règlements et d'interdictions qui étouffent la relation et le bonheur.

4. Tout ce qui est un danger, à long terme, pour la vie de l'enfant ou celle d'autrui.

LES AUTRES PROBLÈMES

Les problèmes suivants varient en importance, selon le cas. Ils sont beaucoup plus faciles à résoudre lorsque les précédents sont déjà réglés. Peu importe le problème, nous devons nous en occuper, mais toujours un seul à la fois.

- Un manque de respect à un niveau moindre.
- Un manque de plaisir ou d'amusement avec l'enfant.
- Le décrochage scolaire.
- Le vol, l'impolitesse, le ménage, etc.

Ce n'est pas une question d'humeur

Nos émotions jouent pour beaucoup dans nos interventions auprès des enfants. Si elles sont à fleur de peau, elles nous poussent à agir d'une manière différente, mais rarement à l'avantage de tous.

Évidemment, les enfants n'aident pas toujours leur cause, car ils exploitent à la perfection leur talent pour nous faire grimper dans les rideaux.

Mais, peu importe, nos émotions peuvent nuire. Non pas parce qu'elles n'ont aucune place dans notre relation avec notre enfant, loin de là, mais plutôt parce qu'elles compliquent notre tâche de parent.

Par exemple, sur le coup de l'émotion, il peut nous arriver de dramatiser l'ampleur d'un événement et, ainsi, de réagir trop fortement ou encore, de ne pas savoir comment réagir. Par conséquent, nos interventions sont inadéquates.

Pour éviter que nos émotions nous nuisent, il faut comprendre et respecter les deux principes suivants:

1.   Les règles doivent être basées sur des principes logiques, c'est-à-dire en fonction de ce qu'elles permettent comme amélioration dans notre vie. Nous ne devons jamais établir des règlements uniquement en fonction des émotions telles que l'humeur, les goûts, les désirs individuels, les peurs et les inquiétudes.

Ainsi, une maison en ordre est plus fonctionnelle qu'une maison où tout est sens dessus dessous. Ce principe est logique. Alors, c'est une bonne raison pour faire en sorte de garder la maison en ordre. Évidemment, cela peut aussi convenir à nos goûts et à nos désirs personnels. Mais, à la base, c'est surtout une question d'organisation d'espace.

Ou encore, un enfant doit aller à l'école, non pas uniquement parce que cela nous inquiéterait s'il n'y allait pas, mais parce que l'école est utile pour lui. C'est logique.

Par contre, si nous exigeons de notre enfant qu'il mette une tuque, alors qu'il ne fait pas assez froid pour en justifier le port, cette obligation est basée sur une émotion de peur, et non sur la logique. De ce fait, elle sera inefficace.

2. Généralement, les règles doivent être respectées en tout temps, et non en fonction de notre humeur.

Souvent, lorsque nous sommes de mauvaise humeur, nous devenons très sévères avec nos enfants. Alors, ils doivent obéir à la lettre. Puis, lorsque nous retrouvons notre bonne humeur, nous délaissons les règlements.

Le fait que ce soit surtout l'humeur qui détermine à quel moment les règles doivent être respectées, est incohérent. Cette incohérence saute aux yeux de plusieurs enfants. Et, lorsque c'est le cas, notre autorité risque d'être entachée, car elle perd son sens véritable. L'enfant ne prendra plus au sérieux ni nos règlements ni notre autorité.

Ainsi, les feux rouges permettent d'éviter des accidents mortels. C'est donc logique qu'il y ait des feux de circulation et des lois, valables en tout temps, pour les faire respecter – et pas seulement lorsque cela nous plaît. Sinon, il y aurait de sérieux embouteillages et des accidents terribles.

Notre autorité doit donc être présente chaque fois que cela est nécessaire, et non seulement lorsque le comportement de notre enfant nous dérange plus que d'habitude.

Par exemple, si nous sommes fatigués, si nous avons les émotions à fleur de peau, et que notre enfant joue avec nos nerfs comme avec les cordes d'une guitare électrique, nous pouvons lui dire que ce n'est pas le moment de nous agacer, tout simplement. Car nous devons toujours demander le respect, pas seulement lorsque nous sommes à bout.

La vie demande toutefois une certaine souplesse. Il arrive des situations particulières où nous ne pouvons pas faire respecter à la lettre un règlement, même s'il est bon en temps normal. Alors, il est préférable de faire une exception, plutôt que d'imposer l'impossible. Cependant, lorsque c'est le cas, nous devons le mentionner à l'enfant qu'il s'agit là d'une exception.

Par exemple, habituellement, l'enfant doit faire ses devoirs avant d'écouter ses émissions préférées. Mais, un beau soir, son père lui demande de l'aider à réparer le cabanon. Une fois les réparations terminées, une de ces émissions commence. Les parents peuvent le laisser regarder la télévision, à condition qu'il fasse ses devoirs par la suite. Bien entendu, il faut lui faire comprendre qu'il s'agit là d'une exception.

Faisons donc respecter les règles qui ont de bonnes raisons d'être. Et, bien que nos émotions puissent surgir à des moments difficiles, essayons de ne pas exiger de nos enfants qu'ils suivent nos règlements uniquement à ces moments-là. Nos émotions ne s'en porteront que mieux. C'est logique!

Le bon enfant versus le mauvais enfant

Avant d'aller plus à fond dans ce concept, regardons brièvement ce qui caratérise le bon et le mauvais enfant.

Le bon enfant est celui qui:

* a une bonne écoute;
* collabore;
* aide;
* manifeste de la générosité;
* est respectueux;
* est tempéré et calme lorsque c'est le temps;
* a le goût d'apprendre;
* exprime son intelligence créative.

Le mauvais enfant est celui qui:

* manipule volontairement autrui;
* est agressif ou violent;
* n'est pas capable d'écouter;

- ne reconnaît pas ses torts;

- ne veut pas collaborer;

- est irrespectueux;

- a mauvais caractère;

- est trop orgueilleux;

- est sans-cœur;

- met son intelligence au service de l'absurdité.

Nous aurions pu ajouter davantage de caractéristiques, mais il y en a suffisamment pour nous donner une bonne idée de ce que nous entendons par un bon enfant versus un mauvais enfant.

Tout d'abord, il est intéressant de remarquer que chaque jeune possède ses deux types d'enfant à l'intérieur de lui-même, à quelques caractéristiques près. Or, en quelques secondes, il peut devenir l'un ou l'autre, au moment où on s'y attend le moins. Telle une médaille qui tourbillonne dans les airs et qui s'immobilise sur le dos de notre main, pour présenter une de ses deux facettes. Sauf que, dans le cas de l'enfant, ce n'est pas le hasard qui détermine lequel des deux visages se présente.

En fait, l'adulte comme l'enfant expriment tantôt leur bon côté, tantôt leur mauvais côté, selon leur caractère mais, surtout, selon les événements et l'éducation qu'ils ont reçue.

Par exemple, lors d'une partie de hockey, Martin, un jeune garçon, fait une montée avec la rondelle. Mais, juste avant de décocher un lancer, un de ses coéquipiers, un peu malhabile, perd le contrôle et tombe sur Martin. Frustré de n'avoir pas eu la chance de compter un but, ce dernier se fâche et engueule son coéquipier. Pourtant, Martin est un bon garçon. Mais, à ses heures, il devient méchant. L'événement a influencé son état d'esprit, de sorte que son mauvais caractère a fait surface. Par contre, quelques minutes plus tard, il redevient le bon Martin et va s'excuser auprès de son ami.

Voyons comment l'éducation peut influencer aussi notre état d'esprit.

Lors d'un conflit, un enfant, qui a reçu une éducation où on lui a appris à se défendre à coups de poing, n'agit pas de la même manière qu'un enfant qui a appris à négocier par la parole. Ainsi, il risque de présenter plus facilement son côté violent, c'est-à-dire le mauvais enfant.

Bien que les événements jouent un rôle sur les réactions de l'enfant, le facteur le plus déterminant est sans aucun doute l'éducation. Car c'est elle qui cultive et renforce soit l'un, soit l'autre. De plus, c'est de l'éducation que dépendent une grande partie des conditions de vie dans lesquelles l'enfant se retrouve. En effet, nous savons tous que l'éducation permet aux individus d'améliorer leurs conditions de vie qui, si elles sont bonnes, peuvent stimuler et valoriser le bon enfant.

La qualité de l'éducation est donc extrêmement importante. C'est pourquoi une bonne éducation s'impose comme l'élément clé pour inciter le bon enfant à s'exprimer. Et, à cet effet, le type d'approche pédagogique exercé par le parent influence beaucoup son comportement.

Mais attention, les parents ne sont pas les seuls à éduquer leurs enfants; il y a aussi la télévision, les amis, l'école et le milieu qu'ils fréquentent. Les enfants ont aussi leur propre caractère, avec leurs émotions.

Alors, si notre enfant exprime davantage son mauvais côté plutôt que le bon, nous ne sommes pas nécessairement responsables de cet état. Plusieurs éléments entrent en ligne de compte.

Cependant, nous pouvons jouer un grand rôle quant à son éducation et, c'est là où nous pouvons intervenir avec l'idée du bon et du mauvais enfant. En effet, nous, parents et éducateurs, pouvons exploiter ce concept positivement.

Comment? En sachant dire oui au bon enfant et non au mauvais, et utiliser notre savoir-faire pour influencer le bon côté et limiter l'autre.

Pour y parvenir, il faut valoriser l'enfant lorsqu'il exprime le bon en lui et lui faire voir qu'il est capable d'être plaisant.

Il faut aussi refréner son mauvais côté lorsqu'il se manifeste, en lui laissant le moins de place possible pour s'exprimer librement. Ainsi, lorsque le mauvais enfant se présente, nous devons lui dire non et maintenir le cap sur ce non. Puis, pour l'aider à retrouver le bon enfant, il faut lui expliquer pourquoi nous ne voulons pas qu'il s'exprime de la sorte.

Par exemple, avec un enfant violent qui donne des coups aux autres, nous devons voir à ce qu'il cesse ces actes immédiatement. Puis, nous pourrions lui dire: «Il faut que tu cesses de donner des coups, parce que, lorsque tu agis ainsi, cela ne te sert absolument à rien, si ce n'est qu'à te causer des problèmes.» Et nous pourrions ajouter: «De plus, je sais que tu es capable d'agir autrement. Tu l'as déjà fait souvent et tu as toute l'intelligence pour comprendre cela. Il n'y a pas de place pour l'autre petit garçon, celui qui se met dans le pétrin et qui fait mal à ceux qu'il aime.»

Évidemment, il y a plusieurs façons de lui expliquer, dans la mesure où nous portons attention à quelques points.

Avec cette approche, il ne s'agit pas de culpabiliser le mauvais enfant, mais plutôt de ramener le bon, en lui rappelant qu'il est beaucoup plus avantageux de s'exprimer autrement. Contrairement aux punitions, ce rappel a l'avantage de lui faire comprendre la situation beaucoup plus rapidement, tout en minimisant les risques de susciter, chez lui, la rébellion ou la haine envers l'autorité. C'est, en quelque sorte, une forme de renforcement positif.

Si nous l'accusions d'être un mauvais enfant, nous ne l'aiderions pas à redevenir ce qu'il est et nous risquerions de renforcer ses attitudes négatives.

Ainsi, pour réussir à refréner le mauvais enfant, il est primordial, en tout temps, de ne pas le laisser faire à sa guise. Sinon, il sera beaucoup trop risqué qu'il prenne l'habitude d'exprimer cette mauvaise facette de lui-même et qu'elle finisse par prendre le dessus sur le bon enfant, du moins pour un moment. L'enfant ne s'en portera que mieux.

En maintenant fermement cette position, il est probable qu'il ressente une certaine frustration passagère. Si tel est le cas, il faut insister sur les explications, tout en continuant de contrôler la situation. Et s'il ne veut rien entendre pour l'instant, nous pourrons attendre un meilleur moment pour lui parler.

Nous conseillons également d'instruire l'enfant de l'existence de ces deux facettes en lui. Ainsi, nous lui permettons d'être plus conscient de ses agissements, les bons comme les mauvais, pour qu'il se connaisse mieux et pour qu'il adopte des attitudes qui l'avantagent.

Par contre, cette instruction n'est pas toujours suffisante pour dissuader le mauvais enfant. Nous vous donnons ici une explication à offrir à ceux qui sont plus résistants. Cette explication est, en réalité, une ruse particulière que nous pouvons utiliser pour nous faciliter la tâche.

Lorsque l'enfant montre son mauvais visage, nous devrions lui expliquer que, s'il continue d'agir ainsi, nous lui retirerons certains privilèges.

Cela peut le décourager et faire revenir le bon enfant. Car, avec cet argument, il découvre soudainement qu'il a vraiment avantage à agir autrement. En réalisant qu'il y perdra au change en ne modifiant pas son attitude, il y a de fortes chances qu'il en soit sérieusement convaincu.

Toutefois, si l'enfant réagit mal à cette tactique, il est fort possible que cela soit une ruse de sa part pour essayer de contrer la nôtre. D'ailleurs, il est normal qu'il tente de résister si le parent lâche prise. Mais il faut tenir bon, le temps fera le reste du travail. L'enfant a simplement besoin d'un peu plus de temps pour nous prendre au sérieux. Si, par contre, cela donne naissance à des conflits plus sérieux, il sera préférable de changer de tactique après quelques jours ou quelques semaines, selon sa réaction.

Cette approche est normalement très efficace. Sans cette perte de privilèges, l'enfant ne perd aucun avantage à exprimer son côté déplaisant. Alors, pourquoi changerait-il? Pourquoi ferait-il des efforts pour se montrer sous un meilleur jour ou pour changer d'attitude?

L'enfant doit être convaincu qu'il est payant d'être correct.

Pour nous aider à le lui faire comprendre, nous pouvons aussi lui expliquer qu'il n'y a rien d'acquis dans la vie. En d'autres mots, il doit savoir qu'il peut perdre pratiquement tout ce dont il bénéficie normalement: ses beaux vêtements, ses jouets, les services que nous lui rendons, l'argent, etc. Il doit savoir qu'il nous est agréable de lui donner ces privilèges, mais qu'ils ne constituent pas une obligation et que nous pouvons y mettre un terme s'il continue d'agir en mauvais enfant et de nous traiter incorrectement.

Par exemple, Xavier est habitué à ce que ses parents lui achètent un manteau neuf tous les deux ans. Mais il n'y fait pas attention, car il se dit que ses parents lui en achèteront un autre de toute façon. Si ses parents lui expliquaient qu'ils ne sont pas obligés de lui en acheter un autre s'il n'en prend pas soin, Xavier y ferait probablement beaucoup plus attention.

Pour ce genre d'explication, nous n'avons pas besoin de faire des menaces à l'enfant: c'est tout simplement une question de responsabilités. Qui a payé la maison, la chambre d'enfant, les jouets, la nourriture, l'équipement de sport et toutes ces autres choses dont il bénéficie? Qui dépense pratiquement tout son temps et son énergie pour l'autre? Ce n'est pas l'enfant, c'est nous. Alors, il doit en être conscient et, ainsi, il sera nécessairement beaucoup plus respectueux envers nous et mieux avec lui-même.

Il est important que l'enfant sache qu'il peut bénéficier de ces privilèges seulement lorsqu'il agit correctement. Sinon, il lui est facile de croire qu'il peut faire n'importe quoi et gagner sur tous les plans. Et cela est très mauvais.

Disons non au mauvais enfant. Expliquons-lui les désavantages à mal agir et, surtout, faisons-lui comprendre tous les avantages qu'il gagne à montrer son beau visage.

CHAPITRE 10

Quand faut-il dire oui?

Les valeurs secondaires

Nous avons déjà porté une attention particulière sur le fait de régler certains problèmes avant d'autres, tout en les prenant un seul à la fois.

Il en est de même pour les valeurs que nous voulons inculquer à notre enfant. Certaines sont prioritaires comparativement à d'autres, et il est plus aisé de les inculquer une à la fois.

En effet, il est aussi difficile de régler plusieurs problèmes en même temps que d'essayer de lui inculquer plusieurs valeurs du même coup.

Par conséquent, le fait de vouloir faire respecter une grande quantité de valeurs (ou de principes) à un jeune enfant peut créer plusieurs problèmes qui ne mèneront nulle part. C'est pourquoi nous devrions faire attention de ne pas avoir trop de règlements qui obligeraient le respect de toutes nos valeurs et que l'enfant devrait suivre à la lettre.

Certes, nous devons maintenir les règles qui protègent les valeurs qui nous tiennent le plus à cœur. Nous devons être intraitables à ce sujet. Lorsque l'enfant ne les respecte pas, il faut y voir. Dans ce cas, la fermeté est de mise.

Les premières valeurs à transmettre devraient être le goût de vivre, le bonheur, une bonne communication et la douceur.

Cela lui permettrait de développer le goût d'apprendre et le respect.

Les autres valeurs sont moins urgentes à inculquer.

Ainsi, nous devons intervenir pour améliorer toutes situations qui mettent en péril ces valeurs premières, par exemple: les dangers pour la vie de l'enfant, les paroles et les actes violents, les menaces, les relations pénibles et d'autres problèmes sérieux.

Bien sûr, le choix des valeurs à faire respecter est personnel. Il est déterminé par l'importance que nous accordons à nos principes, aux personnes et à la matière.

Nous avons tous des valeurs qui comptent plus que d'autres. Ainsi, pour une personne, le fait d'avoir un bon dialogue avec son enfant est ce qu'il y a de plus précieux. Pour une autre, il peut s'agir de la politesse.

Cependant, il y a un principe qui ne change jamais: un enfant ne peut pas être parfait, à tous les points de vue, si nous exigeons trop de lui. Cela veut dire qu'il ne peut pas tout apprendre, tout comprendre et s'adapter entièrement à toutes nos valeurs, sans faille et sans heurt, s'il y a trop de règlements à respecter, surtout s'il s'agit d'obtenir le respect des valeurs secondaires.

Bien entendu, nous devons voir à bien éduquer l'enfant, même lorsqu'il est très jeune.

Nous devons avant tout nous concentrer sur les valeurs qui sont importantes, une à la fois, jusqu'à ce que l'enfant les respecte. C'est déjà un bon contrat. Cela signifie que nous pouvons être beaucoup plus permissifs lorsqu'il est question des valeurs secondaires. Pour l'instant, tenons-nous-en aux valeurs essentielles. Sinon, nous empirerons la situation et nous contribuerons à brimer notre relation avec lui.

Une fois que cette tâche est effectuée, nous pouvons parfaire son éducation avec d'autres principes tels que le ménage de sa chambre, les petites impolitesses, la tenue vestimentaire, les retards, les tendances mineures à manipuler autrui, etc.

Notons que le respect pour les objets personnels et ceux d'autrui (pour contrer le vol) est une valeur qui peut se situer autant dans les valeurs primaires que secondaires. Lorsque nous constatons que l'enfant vole depuis un certain temps, parfois il faut s'en occuper tout de suite, parfois il est préférable de régler au préalable un autre problème. Cela dépend de la situation; à vous d'en juger.

Quoi qu'il en soit, il ne faut jamais oublier que les valeurs les plus importantes peuvent exiger du temps pour être assimilées par l'enfant... et ce sont les premières à lui transmettre.

Il apprendra avec le temps

L'enfant apprendra les valeurs secondaires avec le temps. Il fera ses propres expériences. Par la vie et par la force des événements, il comprendra l'utilité de ces principes et, alors, il les respectera davantage.

D'ici là, le temps doit jouer en notre faveur; c'est l'outil qui nous permettra de parfaire son éducation, si nous ne le saturons pas trop rapidement par l'abus de principes et de règlements.

Chaque apprentissage chez l'enfant doit nécessiter un certain temps d'assimilation. Alors, ne le bousculons pas.

Motiver le bon enfant

Savoir dire non représente une grande part du savoir-faire en éducation. Il permet de refréner les comportements négatifs, tout en privilégiant au maximum les bonnes relations humaines et une instruction de qualité.

L'utilité de ce savoir prend tout son sens dans son application quotidienne, chaque fois que l'occasion d'éduquer notre enfant se présente.

Mais ce savoir serait insuffisant si nous omettions d'inclure le «oui» dans nos rapports de tous les jours avec notre enfant.

Il y a deux grandes approches pédagogiques. Nous intervenons avec:

- le «non» pour corriger un comportement négatif;

- le «oui» pour stimuler un comportement positif.

En utilisant les deux approches, nous mettons toutes les chances de notre côté pour obtenir du succès.

Au chapitre 9, lorsqu'il a été question du «bon enfant versus le mauvais enfant» (à la page 140), nous avons vu à quel point il est important de refréner le mauvais enfant par la puissance du non. Et qu'à partir de ce «non», nous pouvons lui expliquer pourquoi il n'y a pas de place pour ce genre de comportement. Grâce à ces explications, nous permettons à l'enfant de voir qu'il n'est pas avantageux d'exprimer le côté sombre de sa personne.

À ce moment, nous parlions d'interventions pour régler les attitudes négatives chez l'enfant.

Maintenant, voyons comment nous pouvons intervenir pour renforcer ses réactions positives en utilisant les deux approches. Non seulement nous pourrons limiter les dégâts avec le mauvais enfant mais, par surcroît, nous pourrons stimuler le bon.

À quels moments devons-nous dire «oui» à notre enfant?

1. Lorsqu'il nous demande une permission qui est correcte, tout en étant respectueux avec nous. Mais même s'il est respectueux, nous ne devons certainement pas dire oui à n'importe quelle demande. Cette dernière doit être raisonnable, évidemment.

2. Lorsqu'il exprime sa bonne volonté, qui signifie tout ce qui est bon, beau et intelligent en lui. Lorsqu'il montre une de ces facettes, il faut savoir l'encourager régulièrement pour

qu'il continue dans cette voie. Il n'est pas nécessaire qu'il s'agisse d'un exploit. Car nous pouvons le faire pour n'importe quelle bonne action ou bonne parole qu'il extériorise.

Le oui peut prendre diverses formes. Ce peut être une approbation, un regard doux, un mot d'encouragement, un compliment, une expression de joie ou de fierté... Il y a tant de petits gestes et de paroles qui sont bons à lui communiquer, lors de ces instants.

Toutefois, pour que nos compliments stimulent l'enfant véritablement, il faut savoir ne pas en abuser. Par exemple, en le valorisant toutes les cinq minutes, il finirait par ne plus y porter attention, surtout si, au départ, il se dit que nous exagérons. C'est à nous de juger du bon dosage. Habituellement, il s'agit de quelques fois par jour. Mais il faut observer la réaction de l'enfant pour s'en assurer. Est-il content? Est-il réceptif à notre attitude? Est-il fermé à nos commentaires positifs? Etc.

Peu importe leur fréquence, les messages qui ont pour but de stimuler l'enfant ne doivent pas se faire par habitude. Ils doivent être sincères et spontanés.

Pour stimuler le bon enfant, l'encouragement et l'attention des parents donnent normalement de bons résultats. Mais, de temps en temps, ils ne suffisent pas. Il a besoin d'autres choses, comme avoir besoin de connaître les avantages qu'il y a à agir d'une façon plutôt que d'une autre. Nous l'avons déjà mentionné, mais nous insistons pour dire qu'il est très important de lui expliquer ces avantages. Il peut s'agir du bonheur, d'un bien-être, d'une bonne relation, d'une amitié, d'une faveur de son entourage, d'un échange, de bonnes notes à l'école, d'un travail ou d'une activité qui l'intéresse, etc. Une fois que nous avons trouvé le ou les avantages qui peuvent le stimuler, il ne reste plus qu'à l'encourager.

Valoriser mon enfant

Il existe des écoles qui accueillent uniquement des élèves ayant de grandes difficultés scolaires. Certaines d'entre elles travaillent surtout à revaloriser leurs étudiants. En effet, le personnel de ces écoles a pris conscience que les étudiants seraient incapables d'apprendre s'ils avaient perdu confiance en eux. La confiance en soi est un élément fondamental à la motivation d'apprendre. Ces enfants ne croyaient plus en leurs capacités d'apprendre, pas plus qu'ils ne croyaient en l'école pour améliorer leur sort. Comment pouvaient-ils être motivés s'ils ne croyaient plus à la possibilité de réussir? La seule façon qui s'est révélée efficace pour leur redonner confiance, selon le personnel, a été la revalorisation de l'élève. Au lieu de s'attarder à passer en vain la matière scolaire, ces gens privilégient maintenant l'estime de soi. Une fois que l'élève recommence à croire en lui, le travail scolaire peut mener à la réussite.

Il est important de valoriser nos enfants. Il faut leur montrer leurs bons côtés pour qu'ils y croient, pas seulement à l'école mais aussi à la maison et à tout âge. N'attendons pas que nos enfants soient «défaits» pour commencer. Ce n'est vraiment pas nécessaire de passer par là.

Chez les jeunes d'aujourd'hui, nous entendons souvent dire qu'il est «téteux» d'être un premier de classe. Cet état d'esprit prend de la popularité et se répand tel un virus. Il n'est pas rare que des enfants ressentent un malaise après avoir fait ou dit quelque chose qui soit intelligent, beau ou bon, devant d'autres jeunes. C'est à l'adolescence que ces pensées atteignent leur apogée. Il semble que pour être aimé et être accepté par leurs pairs (par les groupes et ses leaders), il faut surtout faire des mauvais coups, dire des stupidités, etc.

Les jeunes se valorisent fréquemment entre eux par des comportements négatifs. À vrai dire, ils se dévalorisent. À un point tel que certains d'entre eux ne veulent pas obtenir de bonnes notes à l'école ou faire de belles choses parce qu'ils seraient mal vus par certains amis.

Nous avons tous avantage à revaloriser les qualités de l'être humain: l'intelligence, la beauté, la serviabilité, la transparence et la réussite.

Pour ce faire, à défaut de nous répéter, il faut simplement faire voir à l'enfant les avantages concrets qu'il retire lorsqu'il exprime ces qualités dans sa vie; bref, lui faire voir les avantages d'un monde intelligent.

Les enfants doivent comprendre qu'ils sont plus heureux lorsqu'ils expriment le bon et ce qu'il y a de correct en eux. Il faut être clair à ce propos. Ils doivent être convaincus qu'il est avantageux pour eux d'exprimer leur intelligence et leurs qualités. Et, pour que cela soit clair dans leur tête, il faut être bons avec eux lorsqu'ils le sont. Cette attitude leur donnera déjà la preuve qu'il est payant d'être bon.

Les notions du bien, du beau et de l'intelligence sont relatives à chacun de nous. Mais lorsque nous pensons que notre enfant vient d'exprimer une de ces qualités, complimentons-le et soyons aimables à son égard. Déjà, sans rien expliquer d'autre, l'enfant découvrira un avantage à exprimer ses qualités.

Pour s'assurer qu'il en prenne conscience, il s'agit de lui expliquer pourquoi il en est ainsi.

Par exemple, Jean-Marc voit la tuque d'un passant tomber de la poche de son manteau. Il la ramasse et court pour la lui rapporter. Un adulte, témoin de cet acte d'amabilité et d'intelligence, devrait féliciter Jean-Marc. Il devrait même lui expliquer promptement pourquoi il est bien d'agir ainsi: «Si je perdais un objet et qu'une personne me le rapportait comme tu viens de le faire, je serais très content. Un monde comme ça, c'est parfait et agréable mon garçon. Continue!»

En sachant clairement le pourquoi, les enfants garderont beaucoup plus facilement à l'esprit qu'il est important d'exprimer le meilleur d'eux-même. Jean-Marc sait exactement pourquoi il est préférable d'être serviable. Il sait que c'est plus agréable de vivre avec des gens qui agissent ainsi.

Il s'agit d'une façon de valoriser les bons enfants et de leur faire comprendre les avantages à exprimer leurs qualités. Évidemment, il existe bien d'autres façons de le faire.

Par contre, plusieurs adultes disent régulièrement aux enfants: «Tu es tellement tannant», «Tu fais toujours ce qu'il ne faut pas», etc. Ici, il n'y a rien de positif. À force de leur répéter ces messages, ils finiront par les croire et ils joueront le jeu à la perfection. Cela fera désormais partie de leur personnalité. C'est un renforcement négatif.

Faisons attention de ne pas leur répéter ce genre de propos qui leur collerait à la peau telle une étiquette négative. Ce n'est pas valorisant. Du moins, cela ne valorise pas leur bon côté.

Or, il importe de ne pas trop étiqueter les enfants. C'est souvent nuisible parce que cela cristallise la perception qu'a l'enfant de lui-même et celle que nous avons à son égard. Il est très fréquent qu'un enfant agisse de façon très différente avec une autre personne. Pourtant, c'est le même enfant. Alors, ne le condamnons pas en le cataloguant pour de bon. Les agissements de l'enfant ne sont pas coulés dans le béton; ils peuvent toujours changer. Laissons-lui une chance, en cessant d'insister sur ses défauts, de souligner, surtout, ces mauvais aspects de lui-même.

Renforçons le positif chez nos enfants. L'excellence en éducation passe essentiellement par notre habileté à ne pas intervenir uniquement sur les points négatifs, mais aussi sur les points positifs.

Conclusion

Nos enfants naissent de la précieuse richesse de la vie. Chers à notre cœur, chers à notre esprit, rien ni personne ne compte plus qu'eux.

Notre amour pour nos enfants peut envelopper l'infini et notre bonne volonté... remplir la mer. L'instruction, quant à elle, porte sur son plateau la révélation de cet amour.

L'instruction apparaît au jour comme une manière de bien aimer. Elle prend tout son éclat par le savoir-faire auprès de nos petits, un savoir-faire qui nous permet de mieux canaliser notre amour et d'envisager un avenir digne pour l'être l'humain.

Savoir dire non occupe une grande place au sein de cette instruction. En effet, notre habileté à dire non élève nos enfants au sommet des relations humaines, du respect véritable et de l'amour.

L'enfant est comme les samares de l'érable et l'adulte, comme le vent. Les samares peuvent atterrir sur un sol rocailleux, non propice à leur épanouissement. Elles peuvent aussi atterrir sur une terre pleine de richesses et grandir vers la lumière. C'est le vent qui soufflera les samares de l'érable vers les roches ou bien, vers de bonnes terres. Et s'il arrivait qu'une samare se dépose en de mauvais lieux, le vent pourrait à tout instant souffler en sa faveur pour la ramener sur une terre riche.

Savoir dire non est un grand art que toute personne peut acquérir un peu, beaucoup, passionnément... l'important étant de s'améliorer. Ainsi, nous faisons de notre mieux. L'enfant doit faire le reste.

Table des matières